VIDAS DE JESÚS / EDIBESA • 2
Colección dirigida por José A. Martínez Puche, O.P.

LA MÁS ANTIGUA VIDA DE JESÚS

DIATESSARON DE TACIANO

Introducción, traducción y notas de
Jesús Álvarez Maestro, O.A.R.

Prólogo de
Antonio M.ª Rouco Varela,
Cardenal-Arzobispo de Madrid

Tercera edición

EDIBESA. Juan de Urbieta, 51.
Tel.: 91 345 19 92
28007 MADRID
E-mail: info@edibesa.com
www.edibesa.com

Gracias a:
P. Braulio González
Fr. Ángel Martínez Puche
D. Santos Martín
por su valiosísima colaboración

Primera edición: enero 2000
Segunda edición: octubre 2002
Tercera edición: abril 2024

Título: LA MÁS ANTIGUA VIDA DE JESÚS: DIATESSARON

© Taciano

© SAN ESTEBAN EDITORIAL-EDIBESA 2024

© EDIBESA 2024
    Sede social y ediciones:
    Plaza de Concilio de Trento s/n
    37001 Salamanca
    Tfno.: 923 26 47 81
    publicaciones@sanestebaneditorial.com

Administración y comercialización:
    c/ Juan de Urbieta, 51
    28007 Madrid
    Tfno.: 913 45 19 92 - info@edibesa.com

ISBN: 978-84-19640-40-6
Depósito Legal: M-8255-2024

Imprime: Estugraf

IMPRESO EN ESPAÑA - PRINTED IN SPAIN

PRÓLOGO

La persona y obra de Jesucristo se ha adentrado en el de la humanidad, y la cultura de los pueblos ya no puede no hablar de Él. Sólo la ceguera hará que no descubramos a nuestro alrededor innumerables signos –literarios unos, artísticos otros y en las costumbres y en la vida los más– y huellas que nos llevan a la historia de Cristo. Su presencia e influjo ha sido capaz de cambiar -convertir– y arrastrar la vida de hombres y pueblos de todos los tiempos.

Desconocer la vida y mensaje de Jesucristo es imposibilitar el acceso y la comprensión de nuestra civilización y cultura en la que hemos nacido y crecido. El Mesías, Cristo, recibió el nombre de Jesús, es decir: Dios que salva. Predicó el Reino de Dios, más aún, que su persona se identifica con el reinado de Dios, y que era el redentor de todos los que creen en Él. Se manifestó y era en verdad el Hijo de Dios Padre y por ello fue llevado a la Cruz. Entró en comunión con pecadores y desheredados, se hizo hermano de todos los hombres y enseñaba que el Padre ama a todos y que todos tenemos que amarnos de igual manera unos a otros.

La comunidad de salvación por Dios establecida en el pueblo de Israel llegó a su plenitud con la apertura de la comunidad, por Él fundada, a todos los hombres y recibió el nombre de Iglesia. Para Jesucristo cada criatura tiene un valor absoluto y decide libremente su destino eterno. Quiso que su Iglesia estuviera dirigida por los apóstoles, con Pedro a la cabeza, y a ella prometió el Espíritu Santo para que permaneciera unida en tomo al Sucesor de Pedro y a los sucesores de los apóstoles hasta el fin de los siglos. Anunció a sus discípulos su muerte y resurrección. Se les apareció muchas veces después de haber muerto en la cruz y les prometió estar con ellos hasta el fin de los tiempos. Después de subir a los cielos, sus discípulos, con la fuerza del Espíritu Santo, le confesaron Hijo de Dios y entregaron sus vidas anunciando su mensaje a lo ancho y a lo largo de todo el imperio romano.

La Iglesia a través de los siglos fue transmitiendo el misterio de Dios revelado en la persona de Jesucristo. Ésta era, es y será la misión de la Iglesia: dar a conocer al Señor Jesús y acoger la vida que en Él se nos ha dado. Esta es la definitiva Palabra de Dios para la salvación de la humanidad.

En plena celebración del Gran Jubileo del año 2000, para rememorar la Encarnación del Hijo de Dios en el seno de Santa María, es de desear que volvamos nuestra mirada y nuestro corazón a la Vida de Dios encamado, del Enmanuel. Y nada mejor para ello que conocer aún más y mejor la vida que los evangelistas escribieron sobre el Nazareno: los Santos Evangelios. «Los Evangelios no han sido escritos de un modo simple como creen algunos; al contrario, la providencia dispuso que sean sencillos para los sencillos, pero para los que quieren y pueden escuchar con mayor ahondamiento, esconden cosas sabias y dignas de la palabra de Dios» (Orígenes, *In Matth.*, X, 1).

La intención y acierto del sirio Taciano no fue otra que acoger el Evangelio como sabiduría capaz de llenar el corazón del hombre. Taciano, al igual que tantos peregrinos del saber, llegó a Roma donde encontró al filósofo y mártir Justino, incansable buscador de la verdad por escuelas y geografías diversas, que le entregó los evangelios. De la escuela de Justino retoma a Oriente y a la Iglesia de Siria le regala las Memorias de los Apóstoles –la Vida de Jesús– en su propia lengua: el *Diatessaron*, una armonía evangélica con la que se hace patente que el Evangelio es uno, aunque se exprese de diversos modos, como posteriormente gustaría escribir San Ireneo.

Muchos, en el pasado, han admirado y escrito sobre el *Diatessaron* de Taciano. Entre ellos, Rodón, Eusebio de Cesarea y San Efrén. Muchas también son las cuestiones que todavía la ciencia patrística tiene que dilucidar: si el *Diatessaron* originalmente fue escrito en griego o en siríaco, el destino y transmisión del texto y el influjo tanto en Oriente como en Occidente. Pero lo que sí está a nuestro alcance es la riqueza teológica y espiritual de los fragmentos del texto evangélico oficial de la Iglesia de lengua siríaca hasta el siglo V.

Es de agradecer al padre Jesús Álvarez que tan acertadamente haya pensado en ofrecer en lengua española –como regalo personal al Señor– esta joya de la literatura cristiana del siglo en el Año Santo 2000. Es justo reconocer el valor de esta primicia: es la primera versión a la lengua de Cervantes del *Diatessaron*, hecha a la sombra de la traducción realizada, en el 1888, por el padre Augustinus Ciasca. Bien en cieno que otro insigne estudioso español había ya abierto el camino –el padre Ortiz de Urbina, S.J.–, pero no contábamos, hasta el presente, con una versión íntegra de la obra del escritor sirio.

Numerosos son los autores que han escrito una Vida sobre Jesucristo. En todos los tiempos y en todas las lenguas. Entre nosotros, J. M. Bover, J. M. Cabodevilla, A. Fernández, J. Pérez de Urbel, F. Prat, Remigio Vilariño y José Luis Martín Descalzo. Pero la que ahora tienes en tus manos es, después de los Evangelios, la más antigua. Se escribe en pleno siglo II por un autor que conoció a los discípulos de los apóstoles de Jesús.

Antonio M.ª Rouco Varela, Cardenal-Arzobispo de Madrid
Madrid, 10 de enero de 2000

INTRODUCCIÓN

Taciano

Sin duda es el más famoso personaje del siglo segundo. Nació hacia el año 110, en Asiria, en el seno de una familia rica, que lo inició en la filosofía griega. Buscó la Sabiduría en esta filosofía sin encontrarla. Con el mismo afán llegó a Roma hacia el 150 después de haber viajado por diversas regiones y estudiado las religiones de las mismas. Fue instruido en los misterios de la religión griega y se hizo sofista. En Roma entabló amistad con el filósofo y luego mártir San Justino. Después de darle a conocer los libros santos, con su ayuda se convirtió al Cristianismo, convencido de que había encontrado la Sabiduría que buscaba. Hecho cristiano se dedicó a demostrar la falsedad del paganismo y a la preparación de los catecúmenos para el bautismo. En Roma fundó una escuela en la que tuvo como discípulos a Rhodón, apologista anti-gnóstico y a San Clemente de Alejandría, uno de los más brillantes escritores de la antigüedad.

Después de la muerte de San Justino cayó en la herejía y fue excomulgado hacia el año 172. Establecido antes en su tierra se hizo gnóstico y sostenía que el Logos era el principal de los eones, según la doctrina de Marción, Llegó ser jefe de la secta de los encratitas, que rechazaban el uso de la carne, el vino y el matrimonio. Su espíritu de continencia le arrastró a despreciar el matrimonio como pura fornicación; se llamaron también acuarios porque usaban el agua en la celebración de la Eucaristía.

Fue Taciano un gran escritor. Su principal obra filosófica es el **Discurso a los griegos**, en la que hace una encendida apología de la religión cristiana contra la filosofía griega, corruptora, según él, del alma humana. Escribió otras muchas obras, principalmente entre los años 155 y 170. La más famosa fue el *Diatessaron* o *Harmonía de los cuatro Evangelios* en uno solo. Las iglesias de Siria no se preocuparon mucho del carácter herético de su autor. Los principales enemigos literarios de Taciano fueron San Ireneo, Tertuliano, Clemente de Alejandría, que se refiere a él como a su maestro asirio, San Hipólito y Orígenes. Creen algunos que su recuerdo se conservó con el nombre de Addai, de la famosa **Doctrina de Addai** siríaca.

El Diatessaron

Es la más antigua **Vida de Jesús,** que integra los cuatro Evangelios canónicos. Durante más de fres siglos se leyó en las iglesias de Siria. Fue sustituido definitivamente en el siglo V por el obispo Rabbula de Edesa, que impuso la lectura de los cuatro Evangelios separados admitidos por la Iglesia universal. Esta versión siríaca se llamó **Peshitta** o sencilla. Nada extraña que el *Diatessaron* haya sufrido muchas vicisitudes con variantes en todas las traducciones. Su restauración ha supuesto una fatigosa labor para los investigadores, de ahí que la bibliografía en este campo sea amplísima, con muchas cuestiones todavía sin resolver.

Taciano compuso el *Diatessaron* después de regresar a su patria hacia el año 170. Eusebio describe esta obra como **una cierta harmonía y compilación.** De los muchos autores que se refieren a ella entre el siglo II y VI el más explícito es Teodoreto de Ciro: *Taciano compuso también el Evangelio llamado «Diatessaron» en el que omite las genealogías y todo lo que se* *refiere al nacimiento del Señor del linaje de David, según la carne.* No sólo los seguidores de Taciano usan dicho libro, sino también los fieles a la doctrina apostólica, ya que no caen en la cuenta del engaño de la composición, sino que utilizan ingenuamente este libro por ser un compendio útil. Yo mismo he encontrado más de doscientos de esos ejemplares tenidos en grande estima por las comunidades de nuestra provincia; los recogí y destruí introduciendo en su lugar los Evangelios de los cuatro evangelistas.

La Iglesia siria, pues, tuvo en gran aprecio el *Diatessaron* de Taciano. Su mismo paisano, San Efrén, le hizo un **Comentario,** que se conserva en armenio y por él conocemos principalmente la naturaleza de este libro. No obstante, los criterios de Teodoreto se fueron imponiendo en aquellas Iglesias hasta su desaparición.

La aceptación del *Diatessaron* se debió a la utilidad del mismo en el uso litúrgico, por ofrecer a los fieles la narración continuada de la vida y mensaje de Jesús. Lo que perdía en autoridad, comparado con los Evangelios canónicos, lo ganaba en valor práctico. Incluso llegó a tener cierta influencia en otras versiones antiguas persas, armenias, árabes, siropalestinas, ibéricas y turcas de los Evangelios. Su estructura consistía en 55 capítulos, que corresponden a los Domingos y fiestas del año litúrgico; de ahí que los capítulos rompan a veces el hilo de la narración. Hasta tuvo imitadores en otras Harmonías hechas en armenio, persa y árabe, En la Edad Media aparecieron en holandés, alemán, italiano e inglés. Modernamente nacieron otras muchas en todos los idiomas europeos, confeccionadas con criterios de cohesión interna y cronológicos o topográficos mucho más perfectos que los de Taciano. En español contamos con Harmonías de este género, pero no con la traducción del *Diatessaron* de Taciano.

Entre los investigadores del *Diatessaron* destaca el sacerdote jesuita Ignacio Ortiz de Urbina, profundo conocedor de la historia y lenguas con este tema relacionadas. Este autor ha estudiado minuciosamente todas las traducciones griegas, así como a los autores sirios y árabes que se refieren a él. De este modo ha podido llegar a la restauración del *Diatessaron* con los métodos de la más estricta crítica, comparando y estudiando textos de 19 obras siríacas y 4 versiones antiguas de este idioma al griego. Sin embargo, esta obra no resulta de agradable lectura para los profanos en la materia por el abundante aparato crítico que la acompaña.

Del *Diatessaron* hablan en la antigüedad el historiador Eusebio de Cesarea, la Doctrina de Addai hacia el año 400, San Epifanio, Teodoreto, así como el obispo de Edesa, Rabbula, San Ireneo, Afraates, San Efrén en su *Comentario*. Posteriormente citan el *Diatessaron* Theodoro Bar Kônî del siglo VIII, Isho'dâd de Merv, médico nestoriano del siglo IX, Isho'Bar Alî en el XI, Abû 1-Hasan Bar Bahlûl en el XIII, etc. Igualmente se refieren al *Diatessaron* la Crónica de Se'ert, historia de la Iglesia nestoriana escrita en árabe en el siglo XI. Las alusiones a esta famosa obra en la Edad Media son abundantísimas.

Los códices

Taciano compuso el *Diatessaron* siendo ya hereje. Se ignora en qué lengua lo escribió, si en latín, griego o siríaco, siendo esta última la más probable según los investigadores modernos. En Roma conoció, sin duda, las *Memorias de los Apóstoles* que, según San Justino, *se leían en todas las iglesias*. Incluso sospechan los investigadores que comenzó a escribir aquí esta famosa harmonía. San Efrén es el más antiguo autor que nos ha trasmitido trozos del *Diatessaron* en la lengua original. Su *Comentario* ha llegado a nosotros en armenio; fue descubierto en el monasterio de San Lázaro, de la Congregación uniata armenia de Mechitar de Sebaste que se encuentra cerca de Venecia. Por él se ha podido reconstruir principalmente la estructura interna del *Diatessaron*.

Se conserva también en el *Códice Fuldense,* escrito en latín hacia el año 541 por orden del obispo de Capua, Víctor. Después de estudiar esta obra, Víctor concluyó que era el *Diatessaron* de Taciano y lo tradujo al latín de la Vulgata. Eusebio, en cambio, lo atribuye a Ammonio de Alejandría. Perteneció a San Bonifacio y se conserva en Fulda.

Víctor llama a este *Diatessaron «Diapente»* o de cinco notas, lo que para los comentaristas puede ser un error del copista o que consideraron los Hechos como una prolongación de los Evangelios haciendo así cinco libros.

Otro manuscrito se conserva en holandés medieval y fue descubierto en Lieja el año 1923. Tenemos también un corto papiro de 14 líneas, en griego, encontrado en la ciudad siria de Dura Europos el año 1934.

La biblioteca vaticana custodia un manuscrito arábigo, que se supone fue escrito en Egipto entre el siglo XII y XIV. A finales del siglo pasado fue entregado por su propietario, el copto católico Halîm Dos Galî, al museo Borgia, de la Congregación de Propaganda Fide, ofro manuscrito árabe del siglo XIV que, según Ciasca, es copia del anterior.

Todas las diferencias entre códices respecto al título, las genealogías, primeros cuatro versículos de San Lucas, conformidad o no con la traducción de la Vulgata, omisión de la perícopa que se refiere a la mujer adúltera en San Juan, etc., están ya suficientemente explicadas por los investigadores. Akerblad asegura que el documento vaticano es traducción directa del siríaco; el borgiano lo dice expresamente y hasta da el nombre del traductor: Abû 1-Farag Abdullah Ben-at-Tîb. El agustino investigador de los archivos vaticanos, P. Agostino Ciasca, dice de este traductor que era un monje nestoriano, natural de Asiria que murió el 1043. Concluye de aquí que tradujo el *Diatessaron* en el siglo XI. El mismo Ciasca publicó este manuscrito el 1888, acompañado por una traducción latina, como obsequio a León XIII en el Jubileo de su sacerdocio. Es el manuscrito más fiel al original de Taciano, según los investigadores modernos.

El Diatessaron y los Evangelios

El *Diatessaron,* comentado por San Efrén, comenzaba con las palabras de San Juan: *Al principio existía la Palabra.* En cambio, el *Códice Fuldense* de Ammonio lo hace con los cuatro primeros versículos de Lucas, trae las genealogías de Mateo y de Lucas seguidas y la narración de la adúltera, que comprende todo el capítulo LXXXVII. El manuscrito del Museo Borgia, traducido por Ciasca, comienza como San Marcos: *Evangelio de Jesús, Hijo de Dios vivo.* Manos cristianas intentaron llenar de este modo los vacíos dejados por Taciano. Teniendo en cuenta que las divisiones de los Evangelios en capítulos y versículos se introdujeron en el siglo XVI, está claro que no pertenecen tampoco a Taciano ni a los anteriores traductores del *Diatessaron.*

No hay ninguna duda para los investigadores de que Taciano conoció los Evangelios en Roma. Tuvo en sus manos el Evangelio de su correligionario Marción y, sin embargo, nada recogió de él. Tampoco usó tradiciones orales de su tierra como el nacimiento de Jesús en una cueva, la iluminación de fuego con motivo de su bautismo o la leyenda del rey de Edessa, Abgar, que habría enviado una legación a Palestina invitando a Jesús antes de su muerte a refugiarse en su reino. Todos los hechos narrados por Taciano en su Harmonía pertenecen a los Evangelios.

Las omisiones que se encuentran en el *Diatessaron* son fácilmente inteligibles; así los cuatro primeros versículos de Lucas no cuadraban con el propósito del autor, las genealogías no le parecieron ejemplares porque David y los ascendientes de Jesús habían sido colaboradores del Demiurgo y el caso de la mujer adúltera no se encuentra en las primeras versiones de Juan.

Zahn demostró que existen también algunas adiciones en esta Armonía que la hacen más continua e inteligible. A veces eran expresiones idiomáticas que traducían el mismo pensamiento que los evangelistas. Según este investigador, Taciano dio preferencia a los Evangelios de Mateo y de Juan, testigos oculares de los acontecimientos narrados. Cuando tiene que escoger entre los dos sigue a Juan. La clave de su cronología fueron las Pascuas celebradas por Jesús.

Taciano no omite palabras de ningún evangelista, salvo cuando recoge idénticas expresiones de otro. En cambio, junta discursos de Jesús, une hechos diferentes como sucedidos en el mismo lugar, dando preferencia a un evangelista sobre otro, con criterios muy distintos de los seguidos por los exegetas modernos. Está claro que no pretendió suplantar a los Evangelios, sino hacer algo complementario a ellos, poniendo seguida la enseñanza de Cristo para sus lectores. Sus repeticiones obedecen a que quiere recoger hechos de un evangelista que los trae también otro. El profesor G. F. Moore ha llegado a esta conclusión matemática: De los 3.780 versículos de los evangelistas, el *Diatessaron* cita 2.769 y omite 1.011, generalmente repeticiones concordantes o añade leves hilaciones entre ellos sin trascendencia.

Los estudiosos del *Diatessaron* han concluido que Taciano fue un hombre de poderosa inteligencia. Llevó a su Iglesia de Siria los Evangelios de la Iglesia de Roma y con ellos, o tal vez ya con la *Peshitta,* compuso esta obra pensando en el provecho de los fieles. Otras muchas Iglesias vieron esta utilidad y de ahí las muchas traducciones y modificaciones que tuvo; en la Edad Media hasta se hicieron versiones poéticas en diversas naciones. A él debemos gran luz sobre la información que tenían los cristianos a mediados del siglo II.

La presente traducción

Desde que el P. Agostino Ciasca, agustino, publicó en el siglo pasado el manuscrito del Museo Borgia se ha traducido a los diversos idiomas europeos. De este modo puede leerse en todos el *Diatessaron* de Taciano, no así en castellano, salvo si nos adentramos en el intrincado mundo de la investigación con la obra del P. Ignacio Ortiz de Urbina. Aquí ofrecemos la versión de Ciasca. Por mi parte he añadido los títulos y subtítulos en cada uno de sus capítulos, con el fin de facilitar su lectura al público no especializado en el campo de la investigación. Para esta traducción he compulsado las siguientes obras: **Tatiani Evangeliorum Harmoniae arabice**, P. Augustinus Ciasca, Romae 1888. Tuvo presentes los manuscritos vaticano y borgiano.

The earliest life of Christo The Diatessaron of Tatian, Rev. J. Hamlyn Hill, Edimburgo 1894. Es traducción literal de la versión árabe y la latina de Ciasca.

Biblia poliglota matritensia. Diatessaron Tatiani, P. Ignacio Ortiz de Urbina, Consejo Superior de Investigaciones Científicas, Madrid 1967. Antes había publicado otro estudio en Patrología siríaca, Roma 1965.

The Diatessaron of Tatian. The Ante-Nicene Fathers, vol. X, traducción directa de la versión árabe, por Hope W. Hogg.

In evangelicas harmonias Ammonii, Víctor, obispo capuano, ML LXVIII, col. 251 sgs.

Tatian's Diatessaron. His creation, dissemination, significance and history in scholarship, Willian Petterson, E. J. Birll, New York 1994.

La presente traducción ha sido contrastada con la versión árabe del manuscrito borgiano por D. Juan Pedro Monferrer Sala, profesor de árabe en la Universidad de Córdoba. Me advierte este eminente arabista que, además de los códices vaticano y borgiano, existen otros dos que contienen el *Diatessaron*: **Beirut 429** (siglo XIV), guardado en la Bibliothèque Orientale de l'Université Saint Joseph de Beirut, y Cairo 203 (siglo XVIII), guardado en el Patriarcado copto de El Cairo. A este profesor, mi admiración y agradecimiento.

VIDA Y MENSAJE DE JESÚS DE NAZARET

La historia

Desde el siglo pasado se busca con afán en los Evangelios el núcleo histórico de la vida y obra de Jesús. Los cuatro Evangelios contienen los hechos y el mensaje de su vida transmitidos a las generaciones cristianas por los testigos y discípulos de este hombre sin igual en la historia de la humanidad. Ningún libro del mundo ha sido sometido a tan profundo análisis y estudio interno. Las coincidencias a veces literales entre Marcos, Mateo y Lucas han hecho pensar a los eruditos que los tres dependen de una fuente común. Alguien, antes que ellos, escribió la vida y recogió las palabras de Jesús, Posiblemente este testigo desconocido se limitó a escribir o recopilar los dichos más importantes de su vida. Sospechan estos especialistas que este escrito inicial pudo estar redactado en griego. Aunque no todos están conformes con esta explicación, los investigadores han puesto nombre a tal hipotético documento, **Q**, del alemán **Quelle**, que significa fuente.

Según esto, Marcos sería el primero de los evangelistas y aportaría el marco o entramado que sustenta a Mateo y Lucas. Todo cuanto no se encuentra en Marcos y es conocido por Mateo y Lucas pertenecería a esta fuente o documento **Q**. No es esto obstáculo para que cada evangelista tenga sus fuentes propias como lo atestigua Lucas en los cuatro primeros versículos: *Puesto que muchos han intentado narrar ordenadamente las cosas que han sucedido entre nosotros, tal como nos las han transmitido los que desde el principio fueron testigos oculares y servidores de la Palabra, me he decidido yo también, después de haber investigado todo diligentemente desde los orígenes, a escribírtelo por su orden, ilustre Teófilo, para que conozcas la solidez de las enseñanzas que has recibido* (Lc 1, 1-4).

Harnack, historiador y teólogo, ha sido uno de los más acérrimos defensores de esta teoría llamada la *cuestión sinóptica*. *Pero* ni ésta ni la *historia de las formas* excluyen la tradición oral transmitida por los métodos mnemotécnicos tan usuales en aquella época. Más bien, ayudan a entender la historia. Estas hipótesis no excluyen que la redacción aramea de San Mateo fuera el primero de los Evangelios.

Los evangelistas no quisieron escribir una biografía de Jesús con la técnica de este género literario; pretendieron entregar a las comunidades cristianas la historia de la que eran testigos y servía de fundamento a su fe. Durante algún tiempo se negaron ellos mismos a creer y terminaron creyendo. La fe de los evangelistas no inventa los hechos. Les busca el sentido y los interpreta. La misma fe les obligaba a la más estricta fidelidad a los hechos. Incluso llegaron a morir por ella. Con razón decía Pascal: *Creo de buen grado las historias cuyos testigos se dejan degollar.* No suele suceder esto cuando las ideologías dirigen la mente del historiador.

Los Evangelios no son creaciones de la fe, sino la perspectiva de la fe de los evangelistas sobre los hechos, palabras, muerte y resurrección de Jesús. Dos de ellos son testigos oculares de lo que han visto y oído. El Cristianismo es por naturaleza una religión histórica. Tiene por autor a una persona concreta que pertenece a un lugar determinado y parte de una fecha concreta con dos mil años de historia, salvada la insignificante variante hecha por los historiadores a los cálculos de Dionisio el Exiguo. Todos los personajes que figuran en los Evangelios, desde el Emperador Augusto a Pilato, pertenecen a la historia. Los historiadores romanos como Plinio el Joven, Tácito, Suetonio y el judío Flavio Josefo hablan de su fundador. Lo hace también el Talmud, que recoge tradiciones seculares. Ningún hombre célebre de su tiempo, mucho menos sus predecesores, son igualmente conocidos por la historia.

Los Evangelios

Taciano no fue un historiador. Se limitó a recoger la historia narrada por los cuatro evangelistas. Los cuatro nos dieron una visión, o, como dicen los teólogos, una cristología diferente, que el *Diatessaron* nos muestra en su conjunto.

Marcos, según el testimonio de Papías, discípulo de Juan y compañero de San Policarpo (entre los años 60 y 130), recibió su información del apóstol San Pedro. Para Marcos, que escribe entre los años 64 y 70, Jesús es el Hijo de Dios, pero también el Mesías sufriente[1]. Sus destinatarios eran las comunidades cristianas romanas que se imaginaban a Cristo triunfador y victorioso al modo de los héroes romanos. El camino que conduce a la gloria no es otro que el de Jesús y este camino pasa por la cruz. Jesús tiene en Marcos un rostro profundamente humano hasta el punto de aparecer a veces débil, cansado, decepcionado e incomprendido. Por esta vía se llega a la resurrección. Marcos pudo ser testigo personal del crucificado (14, 51).

Mateo escribió su Evangelio probablemente antes del año 70 y se dirige a las comunidades cristianas de Palestina. Habían sido formadas en la tradición de Israel. Así lo atestiguan la *Didaché* hacia el año 100, San Ignacio de Antioquía, San Ireneo y el mismo Papías. Jesús es para Mateo el Mesías triunfante del que hablaron los profetas, descendiente de David, el más grande Profeta, el de toda la humanidad. Su palabra es divina y juzga a todos los hombres; el que se cierra a esta palabra se cierra a la acción salvadora de Dios.

Lucas no es testigo de Jesús; pero es un hombre de cultura helénica que analiza con cuidado todos los escritos y tradiciones sobre Jesús que han llegado a sus manos (1, 1). Es historiador y a él se debe la primera historia de la Iglesia. En este evangelista

---

[1] Esta fecha aproximada ha sido cuestionada por el investigador español O'Callagham, que ha encontrado rastros del Evangelio de Marcos en uno de los papiros descubiertos en las cuevas de Qumran. Esto obliga a adelantar la fecha hasta el año 50, lo que lo hace contemporáneo del original arameo de San Mateo.

Jesús es el Salvador que tiene predilección por los pobres, niños, pecadores, mujeres, paganos. Las clases sociales más desfavorecidas son en este Evangelio iluminadas por la misericordia divina que muestra Jesús. Con él se instaura el Reino definitivo de Dios. Escribió para las comunidades de la actual Turquía, tratando de mejorar la imagen que estos primeros cristianos tenían de la persona divina de Jesús. Lucas escribió su Evangelio hacia el año 70 y fue compañero de San Pablo, según San Ireneo y Tertuliano.

San Juan conoció probablemente los tres Evangelios que le habían precedido. Es testigo de la vida de Jesús y a veces protagonista de los hechos narrados. Escribe su Evangelio siendo ya anciano y con un claro propósito desde el principio: que sus destinatarios, los cristianos de Éfeso, Samaria, Siria, Transjordania o Egipto (no sabemos con certeza dónde lo escribió) vean en Jesús a Dios hecho hombre. Jesús nos ha revelado al Padre; es más, *quien lo ve a Él ve al Padre* (14, 9). Ya en el prólogo comienza afirmando su divinidad (1, 14) y a partir de ahí los milagros, palabras, parábolas, encuentros con personas, todo son rasgos o rostros diferentes de la verdadera realidad divina de Jesús. San Juan resalta igualmente la humanidad y la divinidad del enviado de Dios. No es el momento de exponer los temas suscitados por la llamada *cuestión joánica*. La tradición, desde San Ireneo, Clemente de Alejandría y el canon de Muratori, lo atribuye a San Juan, el amigo del Señor. Algunos creen que fue escrito hacia el año 100 de nuestra era.

Además de estos cuatro Evangelios conocemos otros evangelios llamados *apócrifos* y hasta 60 obras distintas, casi todas del siglo II, que nunca fueron aprobados por las comunidades cristianas ni se leyeron en las iglesias junto a los profetas. Nacieron dentro de las sectas y se caracterizan por su imaginación, extremismo y tendencias exotéricas. Destacan entre ellos los evangelios de Felipe, Judas, Pedro, Santiago, Tomás, de los Hebreos, Marción o de los doce apóstoles. Idéntica fiebre apócrifa produjeron los Hechos, el Apocalipsis y las cartas apostólicas. No existe el menor rastro de que Taciano se inspirara ni remotamente en esta clase de escritos, ni siquiera en tradiciones orales. Su *Diatessaron* es copia fiel de los cuatro Evangelios que conoció en Roma con su maestro Justino.

Preguntas inquietantes

El evangelista San Juan nos recuerda una pregunta que hicieron a Jesús los judíos de su tiempo: *¿Hasta cuándo vas a tenernos en vilo? Si tú eres el Cristo, dínoslo abiertamente* (10, 24). Ante Él nadie puede ser indiferente. Jesús respondió a esta pregunta hace veinte siglos con su vida, su mensaje, su resurrección y su Iglesia. Todos los hombres tienen derecho a preguntar y a la vez la obligación de atender a la respuesta. Podemos fruncir el ceño y abandonar el esfuerzo, como hicieron muchos en su vida y lo han hecho a través de los siglos. Hasta está en nuestras manos volverle la espalda con el mayor de los desprecios. No lo necesitamos para conservar nuestra salud o ser ricos y sabios; tampoco, para dirigir la sociedad o fomentar el progreso y la ciencia. El teólogo Rahner lo dijo tajantemente: *Podemos construir la sociedad sin Dios; pero tarde o temprano este mundo se volverá contra nosotros.* Las dos afirmaciones valen referidas a Cristo.

Nadie más respetuoso con la libertad del hombre que su propio Creador. Jesús mismo se encontró con esta situación y le dijo a Judas: *Lo que vas a hacer hazlo pronto* (Jn 13, 27). Abandonado en Cafarnaún por quienes no quisieron aceptar su propuesta de *darnos a comer su carne y a beber su sangre,* dijo a sus apóstoles: *¿También vosotros me queréis abandonar?* (Jn 6, 67). Se podían haber marchado usando de su libertad. Pero Pedro contestó al instante: *Señor, ¿a quién iremos? Tú tienes palabras de vida eterna* (Jn 6, 68). Dejando a Jesús nos vemos obligados a escoger entre múltiples filosofías siempre cambiantes, entre humanismos y religiones diferentes, tal vez alguna de las ideologías políticas o el poder, el dinero, el placer. Es preciso elegir.

El mensaje de Jesús sobre unión, fraternidad, justicia, paz, amor, esperanza, salvación, etc., es maravilloso para que la humanidad entre segura en el siglo XXI.

El escritor francés Malraux nos amonesta de este modo: *El siglo XXI será espiritual o no será nada*. Nuestra historia sería fatal si la humanidad no corrige el capitalismo despiadado y creador de los más exacerbados egoísmos, si continúa carcomida por el materialismo y el hedonismo, mutilada en su más rica y elevada dimensión espiritual. Nos ha llevado esto ya a una sociedad que ha convertido las armas, la droga y el sexo en sus más pingües negocios. El siglo que termina ha sido testigo de guerras y genocidios que hacen pequeñas todas las crueldades anteriores.

Podemos preguntarnos también por otros temas secundarios como la estatura de Jesús, su rostro, su complexión física general, etc. Lo hicieron los Padres de la Iglesia y los teólogos, buscando todos los indicios posibles en los Evangelios. Pero la pregunta más radical es otra: ¿Quién es Jesús? A nuestros tremendos interrogantes sobre Dios, el misterio del hombre, la eternidad, el sentido de nuestra vida y del mundo, etc... se añade éste, sólo soslayable por el pensador escéptico por principio a todo lo divino. Nosotros, los cristianos, sabemos que Dios no contesta dando razones filosóficas y científicas. Responde dando fe y amor. Sólo así podemos responder a la pregunta: ¿Quién es Jesús?, y a otros grandes interrogantes de nuestra vida. Ante lo razonable y posible la decisión corresponde a la voluntad. Después se entiende todo mejor. A esto se referían los teólogos medievales con la fórmula metodológica: *Cree para que entiendas*, que Juan Pablo II explica en la encíclica *Fides et ratio*.

Muchos hombres se confesaron enamorados y admiradores de Jesús: Ghandi, Rabindranath Tagore, Martín Buber, Camus..., el mismo Renán. Durante siglos soñaron todos los artistas en hacer con Él la obra de su inmortalidad artística; cientos de creyentes escribieron excelentes biografías: Ricciotti, Papini,

François Mauriac, Martín Descalzo entre los modernos. Bernanos no llegó a tiempo. No pocos racionalistas del siglo pasado sentirían hoy vergüenza de su actitud insolente, que ya nadie comparte. De nadie se ha hablado y escrito tanto durante dos mil años, de nadie se sigue hablando y escribiendo tanto, nadie ha tenido nunca tantos seguidores y enemigos. Todo lo tenía previsto y profetizado quien murió en el más tremendo fracaso por haber dicho que era Hijo de Dios. Desgraciadamente la lacra del fanatismo humano, que es patente en todas las actividades del hombre, ideologías, política, deporte, etc., se manifiesta también en los fundamentalismos religiosos y mientras miles de miles de cristianos fueron perseguidos y llevados a la muerte por su fe, éstos hicieron lo mismo en momentos históricos bien conocidos.

Cristo es la Verdad

Martín Descalzo advierte que conocer a Cristo no es una curiosidad. Los hechos de la historia universal no dan sentido a nuestra vida, ni la cambian. Jesús, en cambio, puede cambiar el sentido de nuestra existencia. Se reveló como enviado de Dios para salvar a la humanidad pecadora, se identificó con Dios, exigió a todos los hombres la decisión máxima de abandonar todo por Él, afirmó que era el **Camino, la Verdad y la Vida** para todos los hombres. Su mensaje, sus obras maravillosas y su resurrección son las credenciales que puso en nuestras manos, si queremos seguirle.

Todo es cognoscible en el universo. Sólo Dios es un misterio absoluto. Mas no todo lo cognoscible se convierte en conocimiento. Incluso no siempre lo conocido es auténtico conocimiento. Entre el conocer y la realidad está el amor. Con la fe sucede lo mismo: se cree amando. Por eso la fe es problema de la voluntad. San Agustín afirmó: *Nadie puede creer si no quiere. Tomás de Aquino fue igualmente explícito: Creer es propio de la voluntad*. La razón exige credibilidad hasta el punto de que la fe sin ella es muerta, a la vez que la razón sin la fe queda encerrada en sí misma, vacía de sentido. Juan Pablo II ha hecho una maravillosa exposición de estas ideas en la *Fides et ratio*. El conocimiento abre a la realidad y cuando la amamos conocemos su sentido. El problema reside en el misterio. Pocas veces estamos seguros de adecuamos a la realidad o de amarla de verdad por mucho que el misterio aumente nuestra admiración y nuestros deseos de conocerla, Enfrentarse con el misterio es sentirse atraído y hechizado por algo amado, por la verdad.

Los cristianos creemos que Jesucristo es la Verdad. Para la mente, una verdad imaginable y enriquecedora de todas las actividades del hombre; para la voluntad, una seguridad y fuente del más grande amor. Él es una invitación permanente a buscar la verdad y fuerza inagotable de bien. Verdad y amor coinciden en Él. Si la verdad es la unidad en lo diverso, el que busca la verdad ha de comenzar amando la multiplicidad de verdades que adquieren sentido en la unidad con Cristo.

La filosofía busca la verdad; pero la tarea resulta imposible si antes no se cree en algo, o mejor, en alguien que dirija nuestro pensamiento. Para los cristianos el Maestro es Cristo. Sin la Iglesia, que nos lo ha transmitido durante veinte siglos, ni siquiera lo hubiéramos conocido.

Su Iglesia

La mejor definición de la Iglesia la encontramos en la encíclica *Mystici Corporis*, de Pío XII: *La Iglesia es Cristo*. Cristo, predicando su palabra a través de los siglos por medio de ella, dando la vida de Dios a los hombres en los sacramentos, ofreciéndole el culto y adoración como Él se merece, haciendo la salvación de todos los hombres hasta llevarlos al Padre.

La presencia de Cristo en el mundo es la gran maravilla de la omnipotencia divina. Sus apóstoles no se habrían embarcado en la gran aventura de ir por todo el mundo predicando su Evangelio si no lo hubieran visto resucitado o carentes de los signos *que les acompañaban.* Jesús les había prometido que estaría con ellos hasta *el fin de los tiempos.* De este modo y con la ayuda del Espíritu Santo, que también les había prometido, lograron la transformación del mundo. Sólo a Dios se le ha podido ocurrir salvar a los hombres pecadores sirviéndose de hombres también pecadores. Con razón le dijo Jesús a Pedro cuando éste quiso apartarle de los sufrimientos de la pasión: *Tú piensas como los hombres no como Dios.*

Mi propósito

La celebración del año 2000 me hizo acariciar la idea de escribir una *Vida de Cristo.* Era sólo un sueño, ante la imposibilidad de realizarla por carecer de los conocimientos históricos, culturales y exegéticos necesarios para ello. Acepto la historia narrada por los evangelistas, especialmente por los que anduvieron juntos *todo el tiempo que el Señor Jesús convivió con nosotros* (Hch 1, 21) o *tocaron con sus manos la Palabra de la vida* (1Jn 1, 1). Acepto también la interpretación de los hechos que nos dieron estos testigos del reconocido por ellos, después de la resurrección, como el Hijo de Dios. Aplicadas las exigencias de Bultmann a la historia profana, nada sería creíble de cuanto lleve el sello de una ideología, géneros literarios diversos o preferencias particulares del narrador.

Desde esta fe he dirigido mis esfuerzos a dar testimonio de ella, traduciendo el *Diatessaron* de Taciano. Es mi humilde obsequio al Señor con motivo del dos mil aniversario de su nacimiento. Este escritor sirio, tan próximo a los testigos oculares, nos legó la más fascinante de las biografías. El *Diatessaron* no es un Evangelio, sino una Vida de Cristo, que recoge con fidelidad absoluta los datos de los cuatro Evangelios. De esta forma el lector los saborea en su conjunto; no es extraño por ello que tuviera tan sorprendente éxito en las Iglesias de Siria durante varios siglos. La obra de restauración del P. Ignacio Ortiz de Urbina no está al alcance del hombre no iniciado en las tareas de la investigación histórica. Pensando en esto he procurado prescindir incluso de la numeración de los versículos y de la sigla del evangelista correspondiente. Su lectura será así más agradable. Existen en español otras Harmonías más modernas de acuerdo con los nuevos descubrimientos cronológicos y topográficos; pero carecen del valor histórico del *Diatessaron*. He escogido la versión latina de Ciasca por ser la más fiel al manuscrito árabe del siglo XIV. Mi fidelidad a Ciasca quiere ser la misma que él ha tenido con el códice borgiano.

Conclusión

Tienes en tus manos una de las obras más famosas de la antigüedad cristiana. Cristianos y no cristianos necesitamos comenzar el tercer milenio guiados por la luz de Aquél, a partir del cual contamos la historia. A Él se deben los grandes éxitos de la civilización occidental. Sin Cristo ni siquiera hubiéramos conocido a Dios. Creeríamos en el Dios de la filosofía o en el de las diversas religiones. Incluso el Dios del pueblo de Israel está muy lejos del Dios-Amor revelado en Cristo con un cariño tan grande a sus criaturas y especialmente al hombre.

Tampoco conoceríamos a Cristo sin la Iglesia. Sería un nombre más entre los famosos de la historia antigua.

Solidarizados en el plan de salvación que ella realiza, hace dos mil años que cada generación cristiana viene entregándoselo a la siguiente, como un Don a la humanidad del amor infinito de Dios. En Cristo se unen para nosotros la criatura y el Creador, lo finito y lo infinito, la tierra y el cielo, el hombre y Dios. Por la Iglesia conocemos a Cristo y por Cristo conocemos a Dios.

Jesús Álvarez Maestro

El Diatessaron
de
Taciano

INTRODUCCIÓN DEL MANUSCRITO BORGIANO

En el nombre del Dios único, Padre, Hijo y Espíritu Santo, a quien sea dada la gloria perpetuamente. Con la ayuda de Dios Altísimo comenzamos a escribir el Evangelio santo, el más bello jardín llamado **Diatessaron,** que significa **formado de cuatro,** compuesto por el griego Taciano a partir de los cuatro Evangelistas, Mateo el elegido, Marcos el escogido, Lucas el amable y Juan el amado. Fue traducida esta obra del siríaco al árabe por el eminentísimo presbítero Abû 1-Pharag Abdullah Ben-at-Tîb, que Dios tenga en gloria. Comenzaba diciendo: **Evangelio de Jesús, Hijo de Dios vivo.**

CAPÍTULO I

ANUNCIO DE JUAN Y DE JESÚS

EL VERBO DE DIOS

En el principio existía el Verbo y el Verbo estaba en Dios y este mismo Verbo es Dios[2]. Al principio estaba junto a Dios. Todas las cosas han sido hechas por Él y sin Él nada de cuanto existe ha sido hecho. En Él estaba la vida y la vida es la luz de los hombres; la luz brilla en las tinieblas y las tinieblas no lo percibieron.

EL PRECURSOR

En tiempo del rey Herodes había un sacerdote que se llamaba Zacarías, de la familia Abías, casado con una descendiente de Aarón, que se llamaba Isabel. Los dos eran justos delante de Dios y caminaban sin mancha en todos sus mandamientos y preceptos; no tenían hijos porque Isabel era estéril y ambos de edad avanzada.

---

[2] San Efrén dice: **Era Dios**. Sin duda fue la redacción original de Taciano. Durante la lectura se observarán constantes diferencias con las versiones a las que estamos acostumbrados; estas diferencias se deben a modismos siríacos o árabes, así como a inserciones de la **Peshitta**. J. Hamlym Hill trae en un apéndice estas variantes; Hope W. Hogg lo hace al pie de página. En la presente traducción se omiten en atención al lector no especializado. Con Taciano conecta el **Logos** de la teología griega y latina de San Ireneo y San Agustín. El **Logos** de Dios es Dios, la segunda persona de la Trinidad, que según San Juan, **se hizo hombre**. No es, pues, el Logos de la filosofía griega o del judaísmo palestinense de Filón.

Desempeñando un día el sacerdocio en el tumo de su ministerio delante de Dios, según la costumbre de los sacerdotes, le tocó en suerte ofrecer el incienso; entró en el Santuario del Señor y la multitud estaba fuera orando a la hora del incienso.

El ángel del Señor se apareció a Zacarías, de pie, a la derecha del altar del incienso. Viéndolo Zacarías se turbó y el temor se apoderó de él. El ángel le dijo: «No temas, Zacarías, porque tu oración ha sido escuchada, tu esposa Isabel te dará a luz un hijo y le pondrás por nombre Juan; para ti será gozo y alegría y muchos se alegrarán en su nacimiento; porque será grande delante del Señor, no beberá vino ni licor y estará lleno del Espíritu Santo desde el vientre de su madre; convertirá a muchos hijos de Israel al Señor su Dios y él mismo irá delante de Dios con el espíritu y virtud del profeta Elías para convertir el corazón de los padres hacia los hijos, a los desobedientes a la sabiduría de los justos, para preparar al Señor un pueblo perfecto».

Zacarías dijo al ángel: «¿Cómo sabré esto?, pues yo soy viejo y mi mujer de edad avanzada». Respondió el ángel y le dijo: «Yo soy Gabriel, el que está delante de Dios y he sido enviado para hablarte y darte esta buena noticia. Desde ahora te quedarás mudo y no podrás hablar hasta el día en que esto suceda por no haber creído a mi palabra, la cual se cumplirá a su tiempo». El pueblo estaba de pie esperando a Zacarías, admirado del tiempo que permanecía en el Santuario. Cuando salió no podía hablarles y comprendieron que había tenido una visión en el Santuario. Les hablaba por señas y continuó mudo.

Acabados los días de su ministerio se volvió a su casa. Después de unos días concibió Isabel, su mujer, que se ocultó durante cinco meses diciendo: Esto me hizo el Señor cuando puso en mí sus ojos para quitarme el oprobio entre los hombres.

LA ANUNCIACIÓN

Al sexto mes fue enviado por Dios el ángel Gabriel a una ciudad de Galilea[3] que se llama Nazaret, a una virgen que estaba desposada con un varón llamado José, de la casa de David; el nombre de la virgen era María. Y entrando el ángel donde estaba ella le dijo: «Dios te salve, llena de gracia, nuestro Señor está contigo, ¡oh bendita entre las mujeres!». Cuando ella vio esto se turbó con estas palabras y pensaba qué significaría este saludo. Y el ángel le dijo: «No temas, María, pues has encontrado gracia delante de Dios; concebirás y darás a luz un hijo y le pondrás por nombre JESÚS. Será grande y se llamará Hijo del Altísimo; Dios le dará el trono de David su padre, reinará en la casa de Jacob eternamente: y su reino no tendrá fin». María dijo al ángel: «¿Cómo me sucederá esto si ningún hombre me ha conocido?». Respondió el ángel y le dijo: «El Espíritu Santo vendrá y la virtud del Altísimo descenderá sobre ti. Y por lo tanto lo que nazca de ti será Santo y se llamará Hijo de Dios. Mira, tu pariente Isabel ha concebido un hijo en su ancianidad; y ya está de seis meses la que es llamada estéril, pues nada es difícil para Dios». Dijo María: «He aquí la esclava del Señor, hágase en mí según tu palabra».

Y el ángel se fue de su lado.

MARÍA VISITA A SU PRIMA ISABEL

Entonces María se levantó en aquellos días y se fue aprisa a un lugar montañoso, a una ciudad de Judá; y entró en casa de Zacarías y saludó a Isabel. Y cuando oyó Isabel el saludo de María el niño saltó de alegría en su vientre. Isabel fue llenada con el Espíritu Santo y exclamando en voz alta dijo a María: «Eres bendita entre las mujeres y es bendito el fruto que está en tu

---

[3] El inciso a **Galilea** no está en el códice borgiano; tal vez Ciasca lo ha tomado del códice vaticano o de otros manuscritos.

vientre. ¿Quién soy yo para que me visite la madre de mi Señor? En cuanto llegó el sonido de tu saludo a mis oídos, el hijo saltó con gran gozo en mi vientre. Bienaventurada tú que has creído, porque lo que te ha dicho el Señor se cumplirá».

Y María dijo:

Mi alma engrandece al Señor,
y mi espíritu se regocija en Dios mi salvador,
que se ha fijado en la pequeñez de su esclava;
por eso todas las generaciones me llamarán bienaventurada,
porque ha hecho en mí cosas grandes el que es poderoso,
su nombre es santo y su misericordia alcanza de generación
en generación a todos los que le temen.
Obtuvo la victoria con su brazo y dispersó a los soberbios
de mente.
Derribó de su trono a los poderosos y exaltó a los humildes.
A los hambrientos los llenó de bienes y dejó a los ricos sin
nada.
Acogió a Israel su hijo acordándose de la misericordia que había prometido a nuestros padres, a Abrahán y a su descendencia para siempre.
María permaneció con Isabel unos tres meses y regresó a su casa.

NACIMIENTO DE JUAN

Le cumplió el tiempo a Isabel de dar a luz y tuvo un hijo. Oyeron sus vecinos y parientes que Dios había sido muy misericordioso con ella y le felicitaban. A los ocho días fueron a circuncidar al niño y le ponían el nombre de su padre, Zacarías. Pero su madre respondió y les dijo: «De ningún modo; se llamará Juan». Ellos le decían: «Nadie en tu parentela ha tenido este nombre». Y le preguntaron por señas a su padre:

«¿Cómo quieres que se llame?» Pidió una tablilla y escribió: «Juan es su nombre». Todos se quedaron maravillados. Inmediatamente se abrieron su boca y su lengua y habló alabando a Dios. El temor se apoderó de todos los vecinos y esto se divulgó por toda la región montañosa de Judea; todos los que lo oían pensaban en su corazón y decían: «¿Qué será este niño?» Pues la mano del Señor estaba con él.

Zacarías su padre se llenó del Espíritu Santo y profetizó diciendo:

Bendito sea el Señor Dios de Israel, porque ha visitado y
    redimido a su pueblo,
y nos ha suscitado una fuerza de salvación en la casa de
    David, su hijo,
como había prometido desde siempre por boca de sus santos
    profetas,
para librarnos de nuestros enemigos y de la mano de todos
    los que nos odiaban.
Fue misericordioso con nuestros padres, recordando su santa
    alianza,
y el juramento que hizo a Abrahán, nuestro padre,
de darnos la salvación de nuestros enemigos,
para que le sirvamos sin temor, con santidad y justicia todos
    nuestros días.
Y tú, que serás llamado hijo y profeta del Altísimo,
irás delante del Señor para preparar sus caminos,
para dar el conocimiento de la salvación a su pueblo,
y la remisión de sus pecados,
por la misericordia de nuestro Dios
que nos ha visitado desde los alto,
para iluminar a los que viven en tinieblas y en sombras de
    muerte y dirigir nuestros pasos por el camino de la paz.

Y el niño crecía y se fortalecía en el espíritu y vivió en el desierto hasta el día de su manifestación a Israel.

CAPÍTULO II

NACIMIENTO DE JESÚS.
SUS PRIMEROS ADORADORES

REVELACIÓN A JOSÉ

El nacimiento de Jesucristo fue así: Estando desposada su madre con José, antes de vivir juntos, se encontró encinta por obra del Espíritu Santo. Pero José su esposo, que era justo y no quería denunciarla, pensó abandonarla en secreto. Cuando estaba pensando esto, el ángel del Señor se le apareció en sueños diciendo: «José, hijo de David, no tengas miedo en recibir a tu esposa María, pues lo que ha nacido en ella viene del Espíritu Santo. Dará a luz un hijo; y le pondrás por nombre Jesús: pues salvará a su pueblo de sus pecados».

Todo esto sucedió para que se cumpliera lo que había dicho el Señor por el profeta:

He aquí que la virgen concebirá y dará a luz un hijo
y le pondrán por nombre Emmanuel,
que significa: Nuestro Dios está con nosotros.

Y cuando José despertó de su sueño hizo como le había mandado el ángel del Señor, y recibió a su esposa. Y no la conoció hasta que dio a luz a su hijo primogénito.

NACIMIENTO DE JESÚS

En aquellos días salió un edicto de César Augusto para que se empadronaran todas las gentes de su imperio. Esta inscripción primera se hizo siendo prefecto de Siria Cirino. Todos iban a empadronarse a su ciudad. Y José subió también de Nazaret, ciudad de Galilea, a la ciudad de David, en Judea, ya que era de la casa y familia de David, para empadronarse allí con María su esposa, que estaba encinta. Estando allí se le cumplieron los días de dar a luz. Y dio a luz a su hijo primogénito, lo envolvió en pañales y lo colocó en un pesebre porque no hubo para ellos otro lugar donde estar[4].

LA ADORACIÓN DE LOS PASTORES

Vivían por aquella región unos pastores que guardaban sus rebaños por la noche. Y he aquí que el ángel de Dios se acercó a ellos y la gloria del Señor brilló sobre ellos y temieron con gran temor. El ángel les dijo: «No temáis, os anuncio una grande alegría, que lo será para todo el mundo. Os ha nacido hoy el Salvador, el Mesías Señor, en la ciudad de David. Ésta es la señal para vosotros: Encontraréis al niño envuelto en pañales y puesto en un pesebre». Y de repente apareció con los ángeles un copioso y poderoso ejército celestial alabando a Dios y diciendo:

Gloria a Dios en los cielos,
en la tierra paz
y feliz esperanza a los hombres.

---

[4] El actual calendario cristiano, extendido por todo el mundo, padece un error. Su autor, natural de la Escitia, al norte del mar Negro, fue Dionisio, que se llamó a sí mismo el Exiguo por humildad y era monje en Roma en el siglo VI. Fue un escritor eximio, pero se equivocó partiendo del año 753 de la fundación de Roma, según el calendario de Julio César, como fecha del nacimiento de Jesús. Al año 754 lo calificó 1 del nacimiento de Cristo. Se ha demostrado que Herodes murió en la primavera del 750 de la fundación de Roma. Según esto se ha celebrado el año 2000 del nacimiento de Cristo con 5 ó 6 años de retraso.

Y cuando los ángeles partieron de ellos al cielo, los pastores hablaban entre sí diciéndose: «Vayamos a Belén y veamos si se ha cumplido esta palabra que el Señor nos ha manifestado». Y fueron aprisa y encontraron a María y a José y al niño puesto en el pesebre. Cuando lo vieron se convencieron de la palabra que les habían dicho del niño. Y todos los que lo oyeron se maravillaban de las cosas que les contaban los pastores. María, sin embargo, conservaba todas estas palabras y las meditaba en su corazón. Y aquellos pastores se volvieron glorificando y alabando a Dios, por todo lo que habían visto y oído, tal como se les había dicho.

LA CIRCUNCISIÓN DE JESÚS

Y cuando se cumplieron los ocho días para que fuera circuncidado el niño, se le puso por nombre JESÚS; éste fue el nombre con que fue llamado por el ángel antes de ser concebido en el vientre.

LA OFRENDA AL SEÑOR

Cuando se cumplieron los días de su purificación, según la ley de Moisés, llevaron a Jesús a Jerusalén para presentarlo al Señor, según está escrito en la ley del Señor: Todo varón salido del vientre será santo para el Señor, y para dar la ofrenda, como se dice en la ley del Señor, dos tórtolas o dos pichones.

Había un hombre en Jerusalén llamado Simeón; este hombre era piadoso y santo y esperaba la consolación de Israel; el Espíritu Santo estaba en él.

El Espíritu Santo le había revelado que no vería la muerte antes de contemplar al Mesías del Señor. Llevado por el Espíritu subió al templo; y cuando introducían al niño Jesús sus padres para ofrecer por él el sacrificio prescrito en la ley, lo tomó en sus brazos y alabó a Dios diciendo:

Ahora, Señor, puedes soltar los lazos de tu siervo
en paz, según tu palabra,
pues ya han visto mis ojos tu misericordia,
la que has preparado para todo el mundo:
luz para revelación a los gentiles
y gloria de tu pueblo Israel.

José y su madre estaban admirados de las cosas que se decían de él. Simeón los bendijo y dijo a María su madre: «Este ha sido puesto para ruina y resurrección de muchos en Israel; y como señal de contradicción; y una espada atravesará tu propia alma para que se revelen así las intenciones de muchos corazones».

Había también una profetisa, Ana, hija de Fanuel, de la tribu de Aser, de edad avanzada, que había vivido con su marido siete años desde su virginidad; permaneció viuda hasta los ochenta y cuatro años y no salía del templo sirviendo día y noche con ayunos y oraciones. Llegando a esta misma hora daba gracias al Señor y hablaba del niño a todos los que esperaban la redención de Jerusalén. Y cuando cumplieron todas las cosas según la ley del Señor, se volvieron a Galilea, a su ciudad de Nazaret.

CAPÍTULO III

ACONTECIMIENTOS SORPRENDENTES

LOS MAGOS DE ORIENTE

Después de estas cosas, los Magos del Oriente vinieron a Jerusalén diciendo: «¿Dónde está el rey de los judíos que ha nacido? Hemos visto su estrella en el Oriente y venimos a adorarle». Oyendo esto el rey Herodes se turbó y con él toda Jerusalén. Y reuniendo a los príncipes de los Sacerdotes y Escribas del pueblo quiso saber de ellos dónde nacería el Mesías.

Ellos le dijeron: «En Belén de Judá: así fue escrito por el profeta:

> *Y tú, Belén de Judá, no eres la más pequeña entre las ciudades de Judá;*
> *de ti saldrá el rey que rija a mi pueblo Israel».*

Entonces Herodes, llamando en secreto a los Magos, inquirió de ellos el tiempo en el que se les apareció la estrella. Y enviándolos a Belén les dijo: «Id y preguntad diligentemente sobre este niño y, cuando lo encontréis, venid y decídmelo para que yo vaya también a adorarlo». Después de oír al rey se marcharon; la estrella que habían visto en Oriente iba delante de ellos hasta que se paró sobre el lugar donde estaba el niño. Cuando contemplaron la estrella se alegraron con una grande alegría. Entrando en la casa vieron al niño con María su madre y puestos de rodillas le adoraron, y abriendo sus cofres le ofrecieron sus dones: oro, mirra e incienso. Y habiendo tenido una visión en un sueño para que no volvieran a Herodes, regresaron a su región por otro camino.

LA HUIDA A EGIPTO

Cuando habían marchado, el ángel del Señor se apareció en sueños a José y le dijo: «Levántate, toma al niño y a su madre y huye a Egipto y permanece allí hasta que te diga. Herodes está determinado a buscar al niño para matarlo». Levantándose José tomó al niño y a su madre de noche y huyó a Egipto, permaneciendo allí hasta la muerte de Herodes para que se cumpliera lo que había sido dicho por el profeta: Llamé de Egipto a mi hijo.

Herodes entonces, viendo que había sido burlado por los Magos, se irritó muchísimo y mandó matar a todos los niños que había en Belén y en sus alrededores, de dos años para abajo, según el tiempo que había averiguado de los Magos. Entonces se cumplió lo que había sido dicho por el profeta Jeremías:

Un clamor se ha oído en Ramá,
llanto y muchos lamentos:
Raquel llora a sus hijos
y no quiere ser consolada por su pérdida.

REGRESAN A NAZARET

Muerto el rey Herodes, el ángel del Señor se apareció en sueños a José en Egipto y le dijo: «Levántate, toma al niño y a su madre y vete a la tierra de Israel; ya se han muerto los que querían matar al niños». Levantándose José, tomó al niño y a su madre y vino a la tierra de Israel. Al enterarse de que reinaba en Judea Arquelao en lugar de su padre Herodes, tuvo miedo de ir allí; y fue avisado en un sueño que se retirara a la tierra de

Galilea y que habitara en una ciudad que se llama Nazaret, para que se cumpliera lo que fue dicho por el profeta: que se llamaría Nazareno. Y el niño crecía y se fortalecía en el espíritu y se llenaba de sabiduría; y la gracia de Dios estaba en él.

LA SAGRADA FAMILIA, EN JERUSALÉN

Todos los años iban sus padres a Jerusalén en la solemnidad de la Pascua. Cuando tenía doce años subieron, según la costumbre, a la solemnidad. Cuando se cumplieron los días se volvieron; pero el niño Jesús se quedó en Jerusalén, y José y su madre no lo sabían, pensando que estaría en la comitiva. Cuando habían hecho una jornada de un día lo buscaron entre sus conocidos y amigos, y no encontrándolo, regresaron a Jerusalén buscándolo de nuevo. Después de tres días lo encontraron en el templo, sentado en medio de los doctores escuchándolos e interrogándolos. Todos los que lo oían se admiraban de su sabiduría y de sus palabras. Y viéndolo se quedaron admirados. La madre le dijo: «Hijo, ¿por qué te has portado así con nosotros? Mira, tu padre y yo te hemos buscado con gran dolor». Y él les dijo: «¿Por qué me buscabais?, ¿no sabías que yo debo estar en la casa de mi padre?» Y ellos no entendieron estas palabras que les dijo. Bajó con ellos y vino a Nazaret y estaba sujeto a ellos. Su madre conservaba todas estas palabras en su corazón.

Jesús crecía en estatura, sabiduría y gracia ante Dios y ante los hombres.

PRIMERA PREDICACIÓN DE JUAN

En el año decimoquinto del imperio de Tiberio César, siendo Poncio Pilato procurador de Judea, Herodes tetrarca de Galilea y Filipo, su hermano, tetrarca de Iturea y de la región

Traconítide y Lisianas tetrarca de Abiline; bajo el pontificado de los sacerdotes Anás y Caifás, la palabra de Dios vino a Juan, hijo de Zacarías, en el desierto. Éste vino por toda la región del Jordán predicando el bautismo de penitencia para la remisión de los pecados. Predicaba en el desierto de Judea y decía: «Haced penitencia, se acerca el reino de los cielos». Este es aquél de quien fue dicho por el profeta Isaías:

Voz que clama en el desierto,
preparad el camino de Dios,
enderezad las sendas de nuestro Dios.
Todas las hondonadas serán rellenadas,
los montes y colinas abajados,
lo tortuoso enderezado,
los lugares desiguales llanos.
Y toda carne verá la salvación de Dios.

Éste vino como testigo para dar testimonio de la luz, para que todos creyeran por él. No era él la luz, sino para dar testimonio de la luz. La Palabra era la luz verdadera que ilumina a todo hombre que viene a este mundo. Estaba en el mundo, el mundo fue hecho por ella y el mundo no la conoció. Vino a los suyos y los suyos no la recibieron; a los que la recibieron les dio el poder de hacerse hijos de Dios, a los que creen en su nombre: Éstos no han nacido de la sangre, ni de la voluntad del varón, sino de Dios. Y la Palabra se hizo carne y habitó entre nosotros; y vimos su gloria, como la gloria del Hijo unigénito del Padre, lleno de gracia y de verdad. Juan dio testimonio de Él y gritaba diciendo:

Éste es de quien dije: «El que vendrá después de mí estará delante de mí porque existía antes que yo». De su plenitud hemos recibido todos gracia por gracia. Porque la ley fue dada por Moisés, la verdad y la gracia por medio de Jesucristo.

CAPÍTULO IV

JESÚS Y JUAN SE ENCUENTRAN EN EL JORDÁN

EL TESTIMONIO DE JUAN

A Dios nadie lo ha visto nunca; el hijo unigénito de Dios que está en el seno del Padre nos ha hablado de Él. Este es el testimonio de Juan cuando los judíos le enviaron sacerdotes y levitas de Jerusalén para que le preguntaran: «¿Tú, quién eres?» Él confesó y no negó y confesó que él no era el Mesías. Y de nuevo le preguntaron: «Entonces, ¿qué eres? ¿Eres tú Elías?» Y dijo: «No lo soy». «¿Eres tú el Profeta?» Respondió: «No». Le dijeron: «¿Quién eres tú, para que respondamos a los que nos enviaron? ¿Qué dices de ti mismo?» Dijo: «Soy la voz que clama en el desierto: Rectificad los caminos de Dios, como dijo el profeta Isaías». Los que fueron enviados eran de los fariseos. Ellos le preguntaron y le dijeron: «¿Por qué entonces bautizas si no eres el Mesías, ni Elías ni el Profeta?» Juan respondió y les dijo: «Yo bautizo con agua; en medio de vosotros está uno que no conocéis. Este es de quien os dije que vendría después de mí y que existía antes que yo, de quien no soy digno de desatar las correas de sus sandalias».

Estas cosas sucedieron en Betania al otro lado del Jordán donde bautizaba Juan.

JUAN EL PROFETA

Ciertamente Juan llevaba un vestido de pelos de camello, con cinturón de cuero; su comida eran los saltamontes y miel silvestre. Entonces iba a él el pueblo de Jerusalén, toda la Judea y toda la región cercana al Jordán; confesaban sus pecados y eran bautizados por él en el río Jordán. Viendo, pues, que muchos fariseos y saduceos venían a bautizarse les dijo: «Raza de víboras, ¿quién os ha enseñado a huir de la ira futura? Haced frutos dignos de penitencia. Y no penséis y digáis en vuestro interior: tenemos por padre a Abrahán; os digo que Dios tiene poder para hacer de las piedras hijos de Abrahán. Ya está puesta el hacha en la raíz del árbol. Todo árbol que no dé fruto bueno será talado y echado al fuego».

Las multitudes le preguntaban diciendo: «¿Qué haremos?» Respondiendo les decía: «El que tenga dos túnicas, que dé al que no tiene; y el que tenga comida que haga lo mismo». Vinieron también los publicanos para ser bautizados y le dijeron: «Maestro, ¿qué hacemos?» Les dijo: «No exijáis más de lo que se os ha mandado a vosotros». Los soldados también le preguntaban diciendo: «¿Qué debemos hacer nosotros?» Les dijo: «No hagáis violencia a nadie, ni cometáis injusticia contra nadie y contentaos con vuestra paga».

Creyendo el pueblo y pensando en su interior todos que tal vez Juan fuera el Mesías, les respondió y les dijo: «Yo os bautizo con agua: vendrá después de mí otro que es más fuerte que yo, de quien no soy digno de soltar las correas de sus sandalias: él os bautizará con Espíritu Santo y fuego: Tiene el bieldo en su mano para limpiar su era, recogerá el trigo en su granero y la paja la quemará en un fuego inextinguible».

Enseñaba otras cosas y evangelizaba al pueblo.

BAUTISMO DE JESÚS

Entonces vino Jesús a Galilea, al Jordán, para ser bautizado por Juan. Jesús tenía unos treinta años y todos lo creían hijo de José[5]. Juan vio que Jesús venía hacia él y dijo: «Este es el cordero de Dios que borra el pecado del mundo. Este es de quien dije: Después de mí vendrá un hombre que es antes que yo porque existía antes que yo. Yo no lo conocía, pero vine a bautizar con agua para que sea manifestado a Israel». Pero Juan se lo prohibía diciendo: «Yo necesito ser bautizado por ti y ¿vienes a mí?» Respondiendo Jesús dijo: «Déjame ahora: conviene que cumplamos así toda justicia».

Entonces lo dejó. Y cuando todo el pueblo se bautizaba se bautizó Jesús. En cuanto salió del agua se le abrió el cielo. Y descendió el Espíritu Santo sobre él en forma de paloma y he aquí que una voz del cielo dijo: «Este es mi hijo amado en el cual me complazco». Y Juan dio testimonio diciendo: «Ciertamente yo vi el Espíritu que descendía sobre Él como una paloma y se quedó sobre Él. Yo no lo conocía, pero el que me envió a bautizar con agua me dijo: «Aquel sobre el que veas descender el Espíritu y permanecer, ése es el que bautiza en el Espíritu Santo». Lo he visto y he dado testimonio de que éste es el Hijo de Dios».

LAS TENTACIONES

Jesús, pues, lleno del Espíritu Santo regresó del Jordán. En seguida el Espíritu le impulsó al desierto para ser tentado por Satanás[6]; vivía entre los animales. Ayunó durante cuarenta días

---

[5] El manuscrito vaticano inserta aquí la genealogía de San José, según San Lucas 3, 23-38; el borgiano, en cambio, trae la de Mateo y Lucas juntas al final con el título **Libro de la generación de Jesús**. Ciasca no las ha traducido.

6 Literalmente significa *el calumniador*.

y cuarenta noches[7] sin comer nada en esos días; después sintió hambre. Acercándose el tentador le dijo: «Si eres el hijo de Dios, di que estas piedras se conviertan en pan». Respondió y dijo: «Está escrito: No sólo de pan vive el hombre, sino de toda palabra que sale de boca de Dios».

Entonces el diablo lo llevó a la ciudad santa y poniéndolo en el pináculo del templo le dijo: «Si eres el hijo de Dios, tírate de aquí abajo. Pues está escrito:

Te enviará a sus ángeles,
y te cogerán en sus brazos
para que tu pie no tropiece con la piedra»».

Jesús le dijo: «También está escrito: No tentarás al Señor tu Dios».

Entonces el diablo lo subió a un monte alto, le mostró todos los reinos de la tierra y su gloria en un momento y le dijo: «Te daré este poder universal y su gloria, que me han sido entregados para que se los dé a quien quiera. Si te pones de rodillas delante de mí, todos serán tuyos».

Respondió Jesús y le dijo: «Apártate, Satanás, pues está escrito: Adorarás al Señor tu Dios y a él solo servirás».

Y cuando el diablo había completado todas las tentaciones se apartó de él por un tiempo. Entonces los ángeles se acercaron y le servían.

---

[7] San Efrén y la edición de Curetón omiten *cuarenta noches*. Probablemente no lo escribió Taciano.

CAPÍTULO V

PRIMERA PREDICACIÓN DE JESÚS EN GALILEA

LOS PRIMEROS DISCÍPULOS

Al día siguiente se encontraban juntos Juan y dos de sus discípulos. Y viendo a Jesús andando dijo: «He aquí el Cordero de Dios». Oyeron esto sus dos discípulos y siguieron a Jesús. Vuelto Jesús y viendo que le seguían les dijo: «¿Qué buscáis?» Ellos le dijeron: «Maestro, ¿dónde vives?» Les dijo: «Venid y lo veréis». Ellos vinieron, vieron el lugar donde vivía y permanecieron con Él aquel día. Era como la hora décima. Uno de los dos que oyeron a Juan y siguieron a Jesús era Andrés, hermano de Simón. Este vio el primero a Simón su hermano y le dijo: «Hemos encontrado al Mesías». Y lo llevó a Jesús. Jesús le miró y le dijo: «Tú eres Simón, el hijo de Juan: Tú te llamarás Cefas»[8].

VOCACIÓN DE FELIPE

Al día siguiente quiso Jesús ir a Galilea, se encontró con Felipe y le dijo: «Sígueme». Felipe era de Betsaida, la ciudad de Andrés y de Simón. Felipe se encontró con Natanael y le dijo: «Hemos encontrado que aquél de quien escribieron Moisés en la ley y los profetas: es Jesús, el hijo de José de Nazaret».

---

[8] Cefas significa Piedra.

Le dijo Natanael: «¿De Nazaret puede ser algo bueno?»
Felipe le dijo: «Ven y ve». Cuando Jesús vio a Natanael viniendo
hacia sí dijo de él: «Este es un verdadero hijo de Israel, en el
cual no hay engaño». Natanael le dijo: «¿De dónde me conoces?» Jesús le dijo: «Antes de que te llamara, Felipe, cuando estabas debajo de la higuera, te vi». Respondió Natanael y le dijo:
«Maestro, tú eres Hijo de Dios, tú eres el rey de Israel». Jesús le
dijo: «Porque te dije que te vi debajo de la higuera has creído?
Verás cosas mayores que éstas». Y le dijo: «En verdad, en verdad
os digo: desde ahora veréis los cielos abiertos y a los ángeles de
Dios subiendo y bajando sobre el Hijo del hombre».

JESÚS ES INVITADO A UNA BODA

Y Jesús volvió a Galilea por la fuerza del Espíritu.
Tres días después se celebraba un banquete en Caná[9], ciudad
de Galilea; la madre de Jesús estaba allí. Jesús y sus discípulos
estaban también invitados al banquete. Faltando el vino dijo su
madre a Jesús: «No tienen vino». Le dijo Jesús: «¿Qué tiene esto
que ver contigo y conmigo, mujer? Aún no ha llegado mi hora».
Sin embargo, su madre dijo a los sirvientes: «Haced cuanto él os
diga». Había allí seis tinajas de piedra preparadas para la purificación de los judíos, de dos o tres medidas cada una. Les dijo
Jesús: «Llenad las tinajas de agua». Y las llenaron hasta arriba.
Les dijo: «Bebed ahora y llevad al maestresala». Ellos lo hicieron. Cuando el maestresala gustó aquella agua convertida en
vino sin saber su origen (los sirvientes sí lo sabían porque ellos
habían sacado el agua) llamó el maestresala al esposo y le dijo:
«Todo el mundo pone primero el vino bueno y cuando han bebido saca el que es peor; pero tú has guardado el vino bueno
hasta ahora». Éste fue el primer signo que hizo Jesús en Caná de
Galilea y manifestó su gloria; y sus discípulos creyeron en Él. Su

---

[9] En siriaco, *Qatina*.

fama se divulgó por toda la región y los alrededores. Enseñaba en sus sinagogas y era glorificado por todos los hombres.

EN LA SINAGOGA DE NAZARET

Vino a Nazaret donde se había criado, entró según su costumbre en la sinagoga el día de sábado y se levantó a leer. Le fue entregado el libro del profeta Isaías. Jesús abrió el libro y encontró el lugar donde estaba escrito:

El Espíritu del Señor está sobre mí;
por esto me ungió para evangelizar a los pobres
y me envió a curar a los débiles de corazón
predicar el perdón a los malos 10 y a los ciegos la vista,
traer a los arrepentidos al perdón
y proclamar un año aceptable al Señor.

Cerró el libro y se lo dio al ministro y se retiró y se sentó. Los ojos de todos los presentes en la sinagoga estaban pendientes de él. Entonces comenzó a decirles: «Hoy se ha cumplido esta escritura que habéis escuchado con vuestros oídos». Y todos le daban testimonio y se maravillaban de las palabras de gracia que salían de su boca.

Desde entonces comenzó Jesús a predicar el Evangelio del reino de Dios y a decir: «Haced penitencia y creed el Evangelio: se ha cumplido el tiempo y se acerca el reino de los cielos».

LLAMAMIENTO DE OTROS DISCÍPULOS

Y andando por las orillas del mar de Galilea vio a dos hermanos, Simón llamado Cefas y Andrés su hermano, echando las

---

[10] La Vulgata dice *cautivos.*

redes al mar, pues eran pescadores. Jesús les dijo: «Seguidme, pues os haré pescadores de hombres». Ellos, inmediatamente, dejando sus redes allí, le siguieron. Marchando de allí vio a otros dos hermanos, Santiago hijo de Zebedeo y su hermano Juan que estaban en la barca con su padre Zebedeo remendando las redes y Jesús los llamó. Y ellos al instante, dejando la barca y a su padre Zebedeo, le siguieron.

Reuniéndose las gentes junto a Él para oír la palabra de Dios y estando junto al lago de Genesaret vio dos barcas en la orilla del mar; los pescadores que descendieron de ellas lavaban sus redes; una de ellas era de Simón Cefas. Jesús subió a ella y se sentó, y le mandó que se alejara un poco de la orilla hacia el agua. Y sentándose enseñaba desde la barca a las gentes. Cuando terminó de hablar dijo a Simón: «Boga mar adentro y echad vuestras redes para pescar». Simón respondió y le dijo: «Maestro, hemos estado trabajando toda la noche y no hemos capturado nada; pero en tu nombre echaré la red». Y cuando ellos hicieron esto, capturaron una copiosa multitud de peces; casi se rompía su red. Hicieron señas a sus compañeros que estaban en otra barca para que vinieran y les ayudaran. Y cuando vinieron, llenaron ambas barcas de tal modo que casi se hundían.

CAPÍTULO VI

JESÚS ENTRA EN TIERRAS DE JUDEA

ESTUPOR DE SIMÓN Y NUEVO LLAMAMIENTO

Viendo esto Simón Cefas se echó a los pies de Jesús y le dijo: «Señor, te ruego que te apartes de mí porque soy un hombre pecador». El estupor se había apoderado de él y de todos los que estaban con él por la captura de peces que habían hecho; igualmente asombrados quedaron Santiago y Juan, hijos de Zebedeo, que eran compañeros de Simón. Y Jesús dijo a Simón: «No tengas miedo: desde hoy serás pescador de hombres para la vida». Y conduciendo las naves a tierra, dejándolo todo, le siguieron.

TESTIMONIO DE JUAN Y PRISIÓN

Después de esto, Jesús y sus discípulos vinieron a la tierra de Judea y allí andaba con ellos y bautizaba. Juan también bautizaba en Ainón, cerca de Salim, porque allí había mucha agua; y venían y se bautizaban. Juan no había sido todavía encarcelado. Allí se suscitó una discusión entre un discípulo de Juan y un judío sobre la purificación.

Vinieron a Juan y le dijeron: «Maestro, el que estaba contigo al otro lado del Jordán, a quien tú diste testimonio, mira, bautiza también y muchos vienen a Él». Respondió Juan y les dijo: «Nadie puede arrogarse nada de sí mismo, si no le es dado nada

del cielo. Vosotros me dais testimonio porque os dije: No soy el
Mesías, sino que fui enviado delante de Él». El que tiene esposa
es esposo y el amigo del esposo es aquel que se mantiene, le oye
con atención y se alegra con gran alegría ante la voz del esposo. He aquí que ahora mi alegría es completa. Conviene que Él
crezca y que yo disminuya. El que viene de arriba es superior a
todos; el que viene de la tierra es de la tierra y habla de la tierra;
el que ha bajado del cielo es superior a todos. Lo que vio y oyó
esto atestigua y nadie recibe su testimonio. El que recibe su testimonio asegura que es verdaderamente Dios. Aquel que envió
Dios habla palabra de Dios, Dios no da el espíritu con medida.
El Padre ama al Hijo y puso todo en sus manos. El que cree en el
Hijo tiene la vida eterna, pero el que no obedece al Hijo no verá
la vida, sino que la ira de Dios permanece sobre él».

Jesús se enteró de que había llegado a oídos de los fariseos
que él conseguía y bautizaba más discípulos que Juan (no bautizaba Jesús, sino sus discípulos), y abandonó Judea.

JUAN ES ENCARCELADO

Pero el prefecto Herodes, reprendido por Juan a causa de
Herodías la mujer de su hermano Felipe a causa de todos los
pecados que cometía, añadió otro mayor que todos, metiendo a
Juan en la cárcel.

JESÚS SE ESTABLECE EN CAFARNAÚN

Cuando oyó Jesús que Juan había sido encarcelado se marchó a Galilea. Entró de nuevo en Caná donde había convertido
el agua en vino.

Había en Cafarnaún cierto funcionario del rey cuyo hijo
estaba enfermo. Cuando se enteró de que Jesús había venido
de Judea a Galilea, fue a su encuentro y le rogó que bajase para

curar a su hijo, pues estaba próximo a morir. Jesús le dijo: «Si no veis signos y prodigios no creéis». El funcionario del rey le dijo: «Señor, baja, para que no muera mi hijo». Jesús le dijo: «Vete, tu hijo vive». Aquel hombre creyó en la palabra que dijo Jesús y se fue. Ya estaba él bajando, cuando sus criados le salieron al encuentro y le dijeron: «Tu hijo vive». Él les preguntó: «¿A qué hora mejoró?» Le dijeron: «Ayer, a la hora séptima le dejó la fiebre». Su padre comprobó que esto había sucedido en la misma hora en que le había dicho Jesús: «Tu hijo vive». Y creyó él mismo y toda su casa. Este es el segundo signo que hizo Jesús cuando volvió de Judea a Galilea. Y siguió predicando en las sinagogas de Galilea.

Y dejando Nazaret vino y residió en Cafarnaún, junto al mar, en los términos de Zabulón y Neftalí, para que se cumpliera lo dicho por el profeta Isaías:

Tierra de Zabulón, tierra de Neftalí,
camino del mar, más allá del Jordán,
Galilea de los gentiles,
el pueblo que vivía en tinieblas,
vio una gran luz,
y aquellos que vivían en la región y en sombras de muerte,
contemplaron la luz.

Y les enseñaba en los sábados. Ellos se maravillaban de su doctrina, pues hablaba con autoridad.

EL POSESO DE CAFARNAÚN

Había en la sinagoga un hombre que tenía un espíritu inmundo y gritó con voz potente diciendo: «Déjame, ¿qué tengo yo que ver contigo, Jesús de Nazaret? ¿Has venido a perdernos? Conozco quién eres, el Santo de Dios». Jesús le increpó diciendo: «Cierra tu boca y sal de él». El demonio lo arrojó en medio de todos y salió de él, sin hacerle daño. Una admiración grande se apoderó de todos y se hablaban unos a otros diciendo: «¿Qué palabra es ésta, que ordena a los espíritus inmundos y salen?» Y su fama se divulgaba en toda la región y sus proximidades.

LLAMA A MATEO Y CURA A LA SUEGRA DE SIMÓN

Cuando Jesús salió de la sinagoga vio un hombre sentado entre los publicanos, de nombre Mateo. Le dijo: «Ven conmigo». Y levantándose lo siguió.

Jesús vino a la casa de Simón y de Andrés con Santiago y Juan, La suegra de Simón sufría de una gran fiebre y ellos intercedieron por ella. Él se puso de pie delante de ella y la fiebre desapareció e inmediatamente se levantó y les sirvió. Al caer de la tarde le trajeron muchos endemoniados y con la palabra arrojaba los demonios. Y todos los que tenían enfermos, con graves y diversas enfermedades, se los llevaban. Les imponía las manos a cada uno de ellos y los curaba. De esta forma se cumplió lo que dijo el profeta Isaías:

El asumirá nuestras enfermedades y llevará nuestros dolores.

Toda la ciudad estaba congregada a la puerta de Jesús. Y nuevamente arrojó los demonios de muchas gentes porque gritaban y decían: «Tú eres el Mesías, el Hijo de Dios». Los increpaba y no les dejaba hablar porque sabían que era el Mesías Señor.

CAPÍTULO VII

JESÚS PREDICA EL REINO DE DIOS Y CURA A LOS ENFERMOS

CURABA TODAS LAS DOLENCIAS

En la mañana de aquel día se levantó muy pronto, se fue a un lugar solitario y allí oraba. Le siguieron Simón y los que estaban con él. Cuando lo encontraron le dijeron: «Todos te buscan». Les dijo: «Vayamos a las aldeas y pueblos próximos para predicar allí: para esto he venido». Pero las gentes le buscaban y dieron con Él y lo detuvieron para que no se alejase de ellos. Jesús les dijo: «Conviene que predique el reino de Dios a otras ciudades porque para esta evangelización he sido enviado». Jesús recorría todas las ciudades y aldeas, enseñaba en sus sinagogas, predicaba el evangelio del reino, y curaba todas las dolencias y todas las enfermedades y arrojaba los demonios. Su fama se divulgaba porque enseñaba en todos los lugares y era admirado por todos.

SÍGUEME

Pasando por allí vio a Leví, hijo de Alfeo[11], sentado en la mesa de los impuestos y le dijo: «Sígueme». Y levantándose le

---

[11] Se discute si Taciano consideró a Leví y a Mateo personas diferentes.

siguió. La noticia de Él se oía en toda la región de Siria; le trajeron los que padecían diversas y graves enfermedades y los más duros sufrimientos, posesos, lunáticos y paralíticos; y los curó.

CURACIÓN DE UN PARALÍTICO

Después de algunos días volvió de nuevo a Cafarnaún. Cuando se enteraron de que estaba en casa se reunieron tantos que no cabían ni siquiera ante la puerta; y les anunciaba la palabra de Dios. Había allí sentados algunos fariseos y doctores de la ley llegados de todos los pueblos de Galilea, Judea y Jerusalén; y la fuerza del Señor los curaba. Vinieron algunos con una camilla sobre la cual había un hombre paralítico y querían meterlo y ponerlo delante de Él.

No encontrando la posibilidad de introducirlo por la muchedumbre, subieron sobre el terrado y a través de las losetas lo pusieron con la camilla en medio delante de Jesús. Cuando Jesús vio su fe dijo al paralítico: «Hijo, tus pecados te son perdonados». Los escribas y fariseos comenzaron a pensar en su interior: «¿Por qué dice éste blasfemias? ¿Quién puede perdonar los pecados sino sólo Dios?» Pero Jesús conoció en su espíritu lo que ellos pensaban interiormente y les dijo: «¿Por qué pensáis esto en vuestro corazón? ¿Qué es más fácil decir al paralítico: «Tus pecados han sido perdonados»; o decirle: «Levántate, toma tu camilla y echa a andar»? Para que sepáis que el Hijo del hombre tiene poder para perdonar los pecados en la tierra –dijo al paralítico–: «A ti te lo digo: "Levántate, toma tu camilla y vete a tu casa"». Inmediatamente se levantó, tomó su camilla y salió a la vista de todos. Y se marchó a su casa alabando a Dios.

Cuando vieron esto las gentes tuvieron miedo; el asombro se había apoderado de ellos y glorificaban a Dios que ha dado tal poder a los hombres diciendo: «Hoy hemos visto maravillas como no habíamos visto semejantes».

JESÚS COME CON LOS PECADORES

Después de esto salió Jesús y vio a un publicano de nombre Leví, sentado entre publicanos y le dijo: «Sígueme». Y abandonándolo todo, se levantó y le siguió. Leví le dio un gran convite en su casa y había muchos publicanos y otros sentados a la mesa con él. Y murmuraban los escribas y fariseos diciendo a sus discípulos: «¿Por qué coméis y bebéis con los publicanos y los pecadores?» Respondió Jesús y les dijo: «El médico no busca a los sanos, sino a los afligidos por la enfermedad. No he venido a llamar a los justos, sino a los pecadores a la penitencia». Pero ellos le dijeron: «¿Por qué los discípulos de Juan ayunan siempre y hacen oraciones igual que los fariseos, y tus discípulos, en cambio, comen y beben?» Les dijo: «No podéis hacer que los invitados a la boda ayunen mientras está el esposo con ellos. Vendrán días en los que les será quitado el esposo y en esos días ayunarán». Y les propuso esta parábola: «Nadie pone un remiendo nuevo a un vestido viejo, no sea que tire el remiendo nuevo de lo viejo y se haga un roto mayor. Nadie pone vino nuevo en pellejos viejos no sea que reviente el vino los pellejos y se destruyan los pellejos y se derrame el vino: El vino nuevo debe ponerse en pellejos nuevos; así se conservan los dos. Nadie que bebe vino añejo desea el nuevo inmediatamente, pues dice: El añejo es mejor».

EL SÁBADO ES PARA EL HOMBRE

Andando Jesús entre sembrados en día de sábado, sus discípulos tenían hambre y arrancando espigas con sus manos las comían. Viéndolos algunos de los fariseos le dijeron: «Mira, ¿por qué hacen tus discípulos en día de sábado lo que no es lícito hacer?» Y les dijo Jesús: «¿Nunca leísteis lo que hizo David antiguamente cuando sintió necesidad y tuvo hambre él y los que estaban con él, cómo entró en la casa de Dios, siendo jefe de los sacerdotes Abiatar, y comió los panes de la mesa del Señor que no era lícito comer sino a los sacerdotes y dio también a los que estaban con él?» Y les decía: «El sábado fue creado para el hombre y no el hombre para el sábado. O, ¿no habéis leído en la ley que los sacerdotes en el templo no cumplen el sábado y no cometen pecado? Pues os digo que aquí hay alguien mayor que el templo. Si comprendieseis aquello: *quiero misericordia y no sacrificio,* no condenaríais a los inocentes. El Hijo del hombre es Señor del sábado». Se enteraron sus parientes y salieron a recogerlo, pues decían: «Está fuera de sí».

CURACIÓN EN SÁBADO

Otro sábado entró en la sinagoga y enseñaba. Había allí un hombre que tenía la mano derecha paralítica. Los escribas y fariseos vigilaban si curaba en sábado para encontrar el modo de poder acusarlo. El conoció sus pensamientos y dijo al hombre que tenía la mano paralítica: «Levántate y ponte en medio de la sinagoga». Puesto en medio de pie, les dijo Jesús: «Os pregunto, ¿qué es lícito hacer en sábado, el bien o el mal?, ¿salvar la vida o destruirla?» Ellos se callaron. Mirándolos con ira y entristecido por la dureza de su corazón, dijo a aquel hombre: «Extiende tu mano». La extendió y su mano quedó restablecida. Entonces les dijo: «¿Quién de vosotros si tiene una oveja y se le cae en un pozo en día de sábado, no la agarra y la saca? Y ¿no es mejor un hombre que una oveja? Por lo tanto es lícito hacer el bien en sábado».

CAPÍTULO VIII

LA LEY JUDÍA LLEGA A SU PLENITUD

PRIMERAS INTRIGAS DE LOS FARISEOS

Los fariseos salieron y se confabularon contra Él con el fin de perderle. Sabiéndolo Jesús se marchó de allí. Grandes multitudes le siguieron y curaba a todos prohibiéndoles que lo dieran a conocer para que se cumpliera lo que fue predicho por el profeta Isaías:

He aquí mi siervo en quien me he complacido;
mi amado en quien descansa mi alma
sobre él puse mi espíritu,
y él anunciará el juicio a las gentes.
No disputará ni gritará,
ni oirá nadie su voz en las plazas.
No quebrará la caña cascada,
ni extinguirá la lámpara humeante,
hasta que convierta el juicio en victoria
y evangelice en su nombre a las gentes.

En aquellos días subió Jesús al monte a orar y permaneció allí hasta la mañana en oración a Dios. Cuando llegó la mañana llamó a sus discípulos y se fue hacia el mar; muchas gentes de Galilea fueron tras Él para orar y de Judea, Jerusalén, de Idumea, de más allá del Jordán, de Tiro y Sidón y de la Decápolis una gran multitud vino a Él al oír lo que hacía. Y dijo a sus discípulos que le prepararan una barca para que no le oprimieran las multitudes; curó a muchos, de tal manera que casi le estrujaban por la avaricia de tocarle cuantos tenían enfermedades. Los espíritus inmundos en cuanto lo veían se postraban ante Él y gritaban diciendo: «Tú eres el Hijo de Dios». Pero Él les conminaba con vehemencia para que no lo manifestaran.

Los que estaban poseídos por espíritus inmundos se curaban; las muchedumbres querían tocarle porque salía de Él una fuerza que curaba a todos.

ELECCIÓN LOS DOCE

Viendo Jesús la muchedumbre se subió al monte, llamó a sus discípulos y eligió doce de ellos, a los que llamó Apóstoles: Simón, a quien llamó Cefas, y Andrés, su hermano; Santiago y Juan, Felipe y Bartolomé, Mateo y Tomás, Santiago, hijo de Alfeo, y Simón, apodado Zelotes, Judas, hijo de Santiago, y Judas Iscariote que le entregó. Jesús bajó con ellos deteniéndose en el llano, así como gran número de sus discípulos y una multitud copiosa del pueblo. Eligió a los doce para que estuviesen con Él y para enviarlos a predicar y que tuviesen poder de curar las enfermedades y expulsar demonios.

LAS BIENAVENTURANZAS

Entonces, levantando los ojos hacia ellos, abrió su boca y les enseñaba, diciendo:

«Bienaventurados los pobres en el espíritu, porque de ellos es el reino de los cielos.
Bienaventurados los que están afligidos, porque ellos serán consolados.

Bienaventurados los mansos, porque ellos poseerán la tierra. Bienaventurados los que tienen hambre y sed de justicia, porque quedarán satisfechos. Bienaventurados los misericordiosos, porque sobre ellos será la misericordia. Bienaventurados los limpios de corazón, porque verán a Dios. Bienaventurados los pacíficos, porque serán llamados hijos de Dios. Bienaventurados los que padecen persecución por causa de la justicia, porque de ellos es el reino de los cielos. Bienaventurados seréis cuando los hombres os odien, cuando os expulsen, cuando os persigan, cuando os proscriban y cuando digan toda palabra mala mintiendo contra vosotros por mi causa, estad alegres y contentos porque vuestra recompensa será grande en el cielo; así persiguieron a los profetas antes que a vosotros.

Pero ¡ay de vosotros los ricos!, porque habéis recibido vuestro consuelo.

¡Ay de vosotros los que estáis hartos!, porque tendréis hambre.

¡Ay de los que reís ahora!, porque lloraréis y estaréis tristes.

¡Ay de vosotros cuando os alaben los hombres!, porque así hicieron sus padres con los falsos profetas».

VOSOTROS SOIS LA LUZ

Os digo a vosotros los que me escucháis: «Vosotros sois la sal de la tierra; pero si la sal pierde su sabor, ¿con qué se salará? Para nada vale sino para tirarla fuera y que la pisoteen los hombres. Vosotros sois la luz del mundo. No puede ocultarse una ciudad puesta sobre un monte; ni se enciende una lámpara y se pone bajo el celemín, sino sobre el candelero para que dé luz a todos los de la casa. Brille así vuestra luz delante de los hombres, para que vean vuestras buenas obras y den gloria a vuestro Padre que está en los cielos. Nada hay secreto que no sea revelado, ni escondido que no sea conocido. Quien tenga oídos para oír, que oiga».

LA PERFECCIÓN DE LA LEY

«No penséis que he venido a abolir la ley o los profetas: No he venido a abolir, sino a dar cumplimiento. En verdad os digo: Hasta que no pasen el cielo y la tierra ni una tilde o letra de la ley pasará sin que se cumpla toda. Por tanto el que no cumpla uno de estos mandamientos pequeños y lo enseñe así a los hombres será el menor en el reino de los cielos: todo el que los cumpla y los enseñe será grande en el reino de los cielos. Pues os digo: Si vuestra justicia no es más grande que la de los escribas y fariseos no entraréis en el reino de los cielos.

»Habéis oído que se dijo a los antiguos: *«No matarás, pues todo el que mata es reo del juicio».* Pero yo os digo que todo el que se encoleriza sin motivo contra su hermano será reo del juicio. Y todo el que diga a su hermano: Raca[12], será reo ante el Sanedrín. Y todo el que le diga: Renegado, será reo de la gehenna de fuego. Si, pues, vas a ofrecer tu ofrenda ante el altar y te acuerdas allí de que tu hermano tiene rencor contra ti, deja tu ofrenda ante el altar y vete a reconciliarte primero con tu hermano, luego vuelves y ofreces tu ofrenda. Reconcíliate con tu hermano en seguida: arréglate con él en el camino y queda libre de él, no sea que el adversario te entregue al juez y el juez al alguacil[13] y vayas a la cárcel. En verdad te digo: No saldrás de allí hasta haber pagado el último céntimo.

»Habéis oído que se dijo: *«No cometeás adulterio».* Pero yo os digo: todo el que mire a una mujer deseándola, ya ha

---

[12] El insulto **raca** no existe en árabe, por lo que no tiene traducción. El arabista Juan Pedro Monferrer Sala lo hace equivalente a feo. La Vulgata dice **imbécil,** pero los judíos le daban un sentido religioso mucho más despectivo.

[13] Ciasca ha preferido la palabra más genérica de ministro u oficial.

cometido adulterio con ella en su corazón. Si tu ojo derecho te perjudica, sácatelo y arrójalo fuera, pues es preferible que perezca uno de tus miembros que todo tu cuerpo vaya a la gehenna. Se dijo: *«El que repudie a su mujer le dé acta de repudio».* Pero yo os digo, que todo el que repudie a su mujer, excepto en caso de fornicación, la hace cometer adulterio y el que se case con la repudiada comete adulterio».

CAPÍTULO IX

SIGUE EXPONIENDO LA NUEVA LEY CRISTIANA

PERO YO OS DIGO

Dijo Jesús:

«También habéis oído que se dijo a los antiguos: *«No perjurarás, sino clama a Dios en tu fe»*. Pero yo os digo: De ningún modo juréis ni por el cielo, que es el trono de Dios; ni por la tierra, porque es el escabel de sus pies; ni tampoco por Jerusalén, porque es la ciudad del gran rey; tampoco jures por tu cabeza, porque no puedes hacer blanco o negro ni un bucle de tus cabellos. Que vuestra palabra sea: o sí, o no; lo que va más allá de esto procede del maligno.

»Oísteis que se dijo: *«Ojo por ojo y diente por diente»*. Pero yo os digo: No resistáis al mal, si alguien te hiere en le mejilla derecha, preséntale la otra; y a aquel que quiere llevarte a los tribunales para quitarte la túnica, dale también la capa; y al que te obligue a caminar con él una milla, vete con él dos; a quien te pide, dale; y a quien te pide prestado, no le vuelvas la espalda. Al que te quita lo tuyo, no se lo reclames; lo que queráis que hagan con vosotros los hombres, hacedlo también vosotros con ellos.

»Habéis oído que se dijo: *«Ama a tu prójimo y odia a tu enemigo»*. Pero yo os digo: Amad a vuestros enemigos, bendecid a los que os maldicen, haced el bien a los que os odian, orad por los que os tratan mal y os expulsan para que seáis hijos del Padre celestial que hace salir su sol sobre buenos y

malos y envía la lluvia a justos e injustos. Si amáis sólo a los
que os aman, ¿qué recompensa tendréis?, pues los publicanos
y pecadores aman a los que los aman. Y si hacéis el bien a los
que os lo hacen, ¿qué mérito tenéis? También los pecadores
hacen esto. Si prestáis a aquél de quien esperáis la recompensa, ¿qué mérito tenéis? También los pecadores prestan a los
pecadores esperando lo mismo de ellos. Pero amad a vuestros
enemigos, hacedles el bien y dad prestado, no seguéis las es-
peranzas de nadie para que vuestra recompensa sea grande y
seáis hijos del Altísimo, porque Él es benigno con los malos
y los ingratos. Sed misericordiosos como vuestro Padre es
misericordioso. Y si saludáis a vuestros hermanos solamente,
¿qué hacéis de particular? ¿No hacen esto también los publicanos? Sed, pues, perfectos, como vuestro Padre celestial es
perfecto.

»Cuidado, no deis limosna delante de los hombres para ser
vistos por ellos; de otro modo no tendréis recompensa de vuestro Padre que está en los cielos. Cuando des limosna, no toques
la trompeta delante de ti como hacen los hipócritas en las sinagogas y en las plazas para ser honrados por ellos. En verdad os
digo: Ya han recibido su recompensa. Cuando des limosna, que
no sepa la mano izquierda lo que hace la derecha, para que tu
limosna sea secreta y tu Padre, que ve en lo escondido, te pagará
abiertamente. Cuando ores, no seas como los hipócritas, que
gustan de orar en las sinagogas y en las esquinas de las plazas,
de pie, para ser vistos por los hombres. En verdad os digo: Ya
recibieron su recompensa. Tú, en cambio, cuando ores, entra en
tu aposento y con la puerta cerrada ora a tu Padre en lo escondido y tu Padre, que ve en lo escondido, te pagará abiertamente.
Cuando oréis, no habléis mucho como los paganos; éstos pien-
san que por hablar mucho son escuchados. No seáis semejantes
a ellos: Vuestro Padre conoce vuestra petición antes de que se
lo pidáis».

JESÚS ENSEÑA A ORAR A SUS DISCÍPULOS

Uno de sus discípulos le dijo: «Señor, enséñanos a orar como Juan enseñó a sus discípulos». Jesús les dijo: «Así tenéis que orar: Padre nuestro, que estás en los cielos, santificado sea tu nombre. Venga tu reino. Hágase tu voluntad en la tierra como en el cielo. Danos el pan de cada día. Y perdona nuestras ofensas, como nosotros perdonamos a los que nos ofenden. Y no nos dejes caer en tentación, mas líbranos del mal, porque tuyo es el reino, y la fuerza y la gloria por los siglos de los siglos. Si perdonáis a los hombres sus pecados vuestro Padre que está en los cielos os perdonará. Si no perdonáis a los hombres, tampoco vuestro Padre os perdonará vuestros pecados».

EL AYUNO Y LA LIMOSNA

«Cuando ayunéis no os pongáis tristes, como los hipócritas: ellos desfiguran sus caras para que vean los hombres que ayunan. En verdad os digo: ya han recibido su recompensa. Tú, en cambio, cuando ayunes, lava tu cara, unge tu cabeza para que no vean los hombres que ayunas, sino tu Padre, que está en los escondido; y tu Padre, que ve en los escondido, te lo pagará.

»No temáis, pequeño rebaño, porque a vuestro Padre le ha parecido bien daros a vosotros el reino. Vended vuestras posesiones y dad limosna. Haceos bolsas que no se deterioran. No os amontonéis tesoros en la tierra, donde la polilla y la herrumbre los corrompe, y los ladrones abren hueco y roban. Amontonad, más bien, tesoros en el cielo, donde ni la polilla ni la herrumbre los corrompe, ni los ladrones abren y roban. Donde está tu tesoro, allí está tu corazón. La linterna del cuerpo es el ojo. Si tu ojo está sano, todo tu cuerpo estará iluminado. Pero si tu ojo está malo, todo tu cuerpo estará obscuro. Y si la luz que hay en ti es obscuridad, ¡cuántas serán tus tinieblas! Ten cuidado no se convierta en tinieblas tu luz, porque si todo tu cuerpo es alumbrado, sin ninguna parte obscurecida, estarás enteramente iluminado, como cuando la linterna te ilumina con su fulgor.

CAPÍTULO X

EL ESPÍRITU DEL REINO DE DIOS

DIOS Y LAS RIQUEZAS

Dijo Jesús:

«Ningún hombre puede servir a dos señores: porque se ve obligado a tener odio a uno de ellos y a amar al otro, o a honrar a uno y despreciar al otro. No podéis servir a Dios y a las riquezas.

»Por ello os digo: No andéis preocupados por vuestra vida, qué comeréis o qué beberéis, ni por vuestro cuerpo, cómo vestiréis. ¿No vale más la vida que el alimento y el cuerpo más que el vestido? Mirad los pájaros del cielo, no siembran ni cosechan ni almacenan en graneros y vuestro Padre, que está en el cielo, los alimenta. ¿No valéis vosotros más que ellos? ¿Quién de vosotros puede añadir un codo a su estatura por mucho que lo intente? Si, pues, no sois capaces de las cosas más pequeñas, ¿por qué os preocupáis de lo demás? Mirad los lirios del campo cómo crecen, aunque no trabajen ni hilen. Yo os digo que ni Salomón en la magnificencia de su gloria, se vistió como uno de éstos. Pero si la hierba del campo, que hoy existe y mañana va a ser echada al horno, Dios la viste así, ¿cuánto más hará con vosotros, hombres de poca fe? Por tanto, no os preocupéis, diciendo: ¿Qué comeremos, qué beberemos o con qué nos vestiremos? No se turbe por esto vuestro corazón. Las gentes del mundo buscan todas estas cosas, pero vuestro Padre del cielo sabe que necesitáis de todas estas cosas. Buscad primero el reino de Dios y su justicia, y todas esas cosas se os darán por añadidura. No os preocupéis por el mañana; el mañana se preocupará de sí mismo, le es suficiente al día su propio mal».

NO JUZGUÉIS

Y les dijo también:
«No juzguéis y no seréis juzgados. No condenéis y no seréis condenados. Perdonad y seréis perdonados. Sed generosos y seréis tratados con generosidad. Dad y se os dará: una medida hasta rebosar y plena pondrán en vuestro regazo. Con la misma medida que vosotros midáis, seréis medidos. Atended lo que oís: Con la medida que midáis, seréis medidos y aun con creces. Digo a los que oyen: Al que tiene se le dará, y al que no tiene, aun lo que puede tener se le quitará».

Y les dijo esta parábola: «¿Acaso puede un ciego conducir a otro ciego? ¿No caen los dos en el pozo? No es el discípulo más importante que su maestro; pero todo hombre perfecto tiene que ser como su maestro. ¿Por qué te fijas en la mota que hay en el ojo de tu hermano y no paras mientes en la viga[14] que hay en el tuyo? O ¿cómo puedes decir a tu hermano: «Hermano, te sacaré la mota de tu ojo», si tú mismo no ves la viga en el tuyo? Hipócrita, saca primero la viga de tu ojo y entonces verás bien a sacar la mota del ojo de tu hermano.

»No deis lo santo a los perros, ni echéis las perlas a los puercos, no sea que las pisoteen con sus patas y os devoren».

INSISTENCIA EN LA ORACIÓN

Y les dijo: «Si alguno de vosotros tiene un amigo y le viene a medianoche y le dice: «Amigo, préstame tres panes, porque

---

[14] La palabra árabe se puede traducir por *astilla* o *raspa de uva*.

me ha llegado de viaje un amigo y no tengo qué ofrecerle», y aquél desde dentro le responde: «No me molestes, la puerta está cerrada y mis hijos están acostados conmigo, no puedo levantarme y dártelos». En verdad os digo: si no se levanta a dárselos por amistad, al menos por su importunidad se levantará y le dará lo que le pide. Y yo os digo: Pedid, y se os dará; buscad, y encontraréis; llamad, y se os abrirá. Todo el que pide recibe, el que busca encuentra y al que llama se le abre. Qué padre entre vosotros, si su hijo le pide pan, ¿acaso le dará una piedra? Y si pide un pez, ¿acaso le dará una serpiente?, o si le pide un huevo, ¿le dará un escorpión? Si, pues, vosotros, que sois malos, conocéis las cosas buenas y las dais a vuestros hijos, ¡cuánto más vuestro Padre, que está en el cielo, dará el Espíritu Santo a los que se lo piden!

»Todo cuanto queráis que os hagan los hombres, hacédselo vosotros. Esta es la Ley y los Profetas.»

LOS DOS CAMINOS

Les dijo también Jesús:

«Entrad por la puerta estrecha, porque ancha es la puerta y espacioso el camino que conduce a la perdición, y son muchos los que van por ella. ¡Qué estrecha es la puerta y angosto el camino que lleva a la vida: y pocos son los que la encuentran!

»Cuidado con los falsos profetas que vienen a vosotros con vestido de cordero, mientras por dentro son lobos rapaces: por sus frutos los conoceréis. Porque cada árbol se conoce por sus frutos. No se recogen higos en los espinos, ni se vendimian las uvas de los abrojos. Todo árbol bueno produce frutos buenos, pero el árbol malo da frutos malos. No puede el árbol bueno dar frutos malos, ni el árbol malo producir frutos buenos. El hombre bueno, del buen tesoro de su corazón saca cosas buenas, y el hombre malo, del mal tesoro que está en su corazón produce males. De la abundancia del corazón hablan los labios. Todo árbol que no da frutos buenos será arrancado y echado al fuego. Por tanto, por sus frutos los conoceréis. No todo el que me dice: Señor, Señor, entrará en el reino de los cielos, sino el que hace la voluntad de mi Padre que está en los cielos.

»Muchos me dirán aquel día: Señor, Señor, ¿no profetizamos en tu nombre y en tu nombre echamos demonios y en tu nombre hicimos muchos milagros? Entonces les diré: Nunca os conocí: apartaos de mí siervos de la maldad. Os diré a quién se parece todo el que viene a mí y oye mis palabras y las cumple: Es semejante a un hombre prudente que edificó una casa, y cavó profundamente poniendo los cimientos sobre piedra, y cayeron las lluvias, se desbordaron los ríos, soplaron los vientos y azotaron aquella casa, pero no cayó, porque sus cimientos estaban puestos sobre piedra. Y todo el que oye estas palabras mías y no las cumple es semejante al varón insensato que edificó su casa sobre arena, sin cimientos. Cayó la lluvia, se desbordaron los ríos, soplaron los vientos y arremetieron contra aquella casa y cayó y fue grande su ruina.»

CAPÍTULO XI

ADMIRACIÓN DE LAS GENTES POR LOS MILAGROS DE JESÚS

CURA AL CRIADO DEL CENTURIÓN

Cuando Jesús terminó de pronunciar estas palabras, las multitudes quedaron asombradas de su doctrina, porque les enseñaba como quien tiene autoridad y no como los escribas y fariseos. Y cuando descendió del monte, le siguieron muchas gentes. Entrando Jesús en Cafarnaún, el criado de un distinguido jefe, muy querido para éste, estaba enfermo y a punto de morir. Oyó hablar de Jesús y se presentó a Él con los ancianos de los judíos y le suplicó y dijo: «Señor, mi criado yace en casa paralítico y sufre terriblemente». Y los ancianos le rogaban con insistencia diciendo: «Merece la pena que le hagas esto, pues quiere mucho a nuestro pueblo y también él mismo nos edificó la sinagoga». Jesús le dijo: «Iré y lo curaré». Respondió aquel jefe y dijo: «Señor, no soy digno de que te haga sombra mi techo, pero es suficiente que pronuncies la palabra y mi criado curará. Pues yo soy un hombre bajo obediencia de autoridad, que tengo soldados a mis órdenes y digo a éste: Ve y va; y a otro: Ven y viene; y a mi criado que haga esto y lo hace». Quedó Jesús admirado al oír esto y dijo a las gentes que le seguían: «En verdad os digo: No he encontrado tanta fe en Israel. Os digo que muchos vendrán de Oriente y de Occidente y se sentarán a la mesa con Abrahán e Isaac y Jacob en el reino de los cielos; pero los hijos del reino serán echados a las tinieblas exteriores. Allí será el llanto y rechinar de dientes. Y Jesús dijo al jefe: «Anda, que te suceda como has creído». Y se curó el criado en esa misma hora. El jefe volvió a su casa y encontró al criado enfermo curado.

RESUCITA A UN MUCHACHO

Al día siguiente fue a una ciudad que se llama Naín y con él sus discípulos y una copiosa multitud. Cuando llegó a las puertas de la ciudad vio a algunos que acompañaban a un difunto, hijo único de su madre, que era viuda; y una muchedumbre de la ciudad estaba con ella. Cuando Jesús la vio, movido a compasión sobre ella, le dijo: «No llores». Y fue y se acercó al féretro. Los que lo llevaban se pararon. Y dijo: «Joven, a ti te lo digo: Levántate». El que estaba muerto se incorporó y comenzó a hablar. Y se lo dio a su madre. El temor se apoderó de todos y alababan a Dios diciendo: «Un gran profeta ha surgido entre nosotros y Dios ha visitado a su pueblo». Esta noticia se divulgó de Él por toda Judea y la región circunvecina.

LA VOCACIÓN APOSTÓLICA

Viendo Jesús a una gran multitud alrededor de Él mandó ir a la otra orilla. Y cuando ellos iban por el camino se acercó un escriba y le dijo: «Maestro, te seguiré adondequiera que vayas». Jesús le dijo: «Las zorras tienen madrigueras y las aves del cielo nidos; pero el Hijo del hombre no tiene dónde reclinar la cabeza». Dijo también a otro: «Sígueme». Pero él le respondió: «Señor, permíteme ir primero y enterrar a mi padre». Jesús le dijo: «Deja que los muertos entierren a sus muertos: tú sígueme y anuncia el reino de Dios». Le dijo otro: «Te seguiré, Señor, pero déjame primero ir a despedir a mi familia y volveré». Jesús le dijo: «Ningún hombre que pone la mano en el arado y echa la vista atrás es apto para el reino de Dios». Y aquel día, al atardecer, les dijo: «Pasemos al otro lado del lago».

CALMA LA TEMPESTAD

Y despidiendo a la muchedumbre subió a una barca y se sentó Él y sus discípulos. Otras barcas estaban con ellos. Y se levantó una tal tempestad en el mar por el torbellino y el viento que la nave casi se hundía por la magnitud de las olas. Jesús, sin embargo, estaba en popa durmiendo sobre un cabezal. Y los discípulos se le acercaron y lo despertaron diciéndole: «Señor, sálvanos, que perecemos». Y Él levantándose increpó al viento y a las olas y dijo al mar: «Cálmate, pues eres reprendido». Y el viento calló y se hizo una gran tranquilidad. Y les dijo: «¿Por qué sois tan miedosos? y ¿por qué no tenéis fe?» Ellos temieron con gran temor y mirándose se decían: «¿Quién piensas que es éste que manda a los vientos, a las olas y al mar y le obedecen?»

CURA A UNOS ENDEMONIADOS

Ellos se marcharon y llegaron a la región de los hadarenos[15], que está más allá del mar contra la tierra de Galilea. Y cuando salieron de la barca a tierra vino a Él de las tumbas un hombre que tenía un demonio desde hacía mucho tiempo, no llevaba ningún vestido, ni vivía en casa, sino en los sepulcros; ni siquiera con cadenas lo podían dominar, pues cuantas veces era atado con cadenas y grillos rompía las cadenas y destrozaba los grillos y era llevado por el demonio al desierto sin que nadie pudiera dominarle. Estaba siempre, día y noche, en los sepulcros y

---

[15] Ciasca dice siempre *hadarenos*; la Vulgata prefiere la variante *gerasenos*.

en los montes, de tal manera que nadie podía pasar por aquel camino y chillaba y se hería con piedras. Al ver a Jesús de lejos corrió y le adoró. Y gritando con gran voz dijo: «¿Qué tenemos que ver nosotros contigo, Jesús, Hijo del Dios altísimo? Te conjuro por Dios que no me atormentes». Y Jesús mandó al espíritu inmundo que saliera del hombre. Pues hacía mucho tiempo que se había poseído de él.

Jesús le preguntó: «¿Cuál es tu nombre?» Le dijo: «Legión», porque habían entrado muchos demonios en él. Y le rogaban que no les mandase tirarse por el precipicio. Había allí una piara de cerdos pastando en el monte y aquellos demonios le rogaron que les permitiera meterse en los puercos. Y se lo permitió. Salieron, pues, los demonios del hombre y entraron en los puercos; y la piara corrió al monte y se precipitaron en el mar unos dos mil, ahogándose en el agua. Cuando los pastores vieron lo que había sucedido, huyeron y lo anunciaron a los que estaban en las ciudades y en las aldeas. Y algunos fueron a ver lo que había sucedido y llegaron a Jesús y encontraron al hombre del que habían salido los demonios sentado, vestido y avergonzado, a los pies de Jesús: y temieron. Y anunciaron lo que habían visto y cómo fue curado aquel hombre, en el cual había estado el demonio, y también lo de los cerdos.

CAPÍTULO XII

SUS MILAGROS SIGUEN EXTENDIENDO LA FE EN JESÚS

EL MIEDO DE LOS HADARENOS

Y toda la multitud de los hadarenos le rogó que se apartara de ellos, porque estaban poseídos de gran temor. Jesús, subiendo a una barca, pasó a la otra orilla y vino a su ciudad. El hombre de quien había expulsado los demonios le rogó estar con Él, pero Jesús lo despidió y le dijo: «Vuelve a tu casa y cuenta lo que Dios te hizo». Se marchó y comenzó a predicar en la Decápolis[16] cuanto Jesús le había hecho; y todos se admiraban. Jesús pasó de nuevo en la nave a la otra orilla y le recibió una muchedumbre, pues todos le estaban esperando. Cierto varón, cuyo nombre era Jairo, jefe de la sinagoga, se postró a sus pies y le suplicaba con insistencia diciendo: «Tengo una sola hija y ya está próxima a morir; ven, impón tu mano sobre ella y vivirá». Levantándose Jesús y sus discípulos le siguieron. Le acompañaba un gran gentío y le oprimían.

CURACIÓN DE UNA HEMORROISA

Entonces una mujer, que padecía flujos de sangre desde hacía doce años, que había sufrido mucho con muchos médicos

---

[16] Región de diez ciudades.

y se había gastado todo su dinero sin provecho alguno, antes bien, poniéndose peor, habiendo oído hablar de Jesús irrumpió por detrás de la multitud y tocó su vestido; pues se decía secretamente en su interior: Si toco su vestido me curaré. Inmediatamente se secó la fuente de su sangre y sintió en su cuerpo que había sido curada de su mal. Al instante conoció Jesús en sí mismo que había salido fuerza de Él y vuelto hacia la gente dijo: «¿Quién ha tocado mi vestido?» Como todos lo negasen, le dijo Simón Cefas y los que estaban con Él: «Maestro, las gentes te oprimen y te aprietan y tú dices: ¿Quién me ha tocado?» Pero Él contestó: «Alguien me ha tocado, pues me he dado cuenta de que ha salido fuerza de mí». Viendo aquella mujer que se había dado cuenta, con temor y temblor, porque sabía lo que le había sucedido, se acercó y postrándose le adoró, diciendo a todo el pueblo la causa por la que le había tocado y cómo había quedado curada repentinamente. Entonces Jesús le dijo: «Ánimo, hija, tu fe te ha curado: vete en paz y queda libre de tu mal».

RESUCITA A LA HIJA DE JAIRO

Cuando todavía estaba hablando, vino uno de la casa del jefe de la sinagoga y le dijo: «Tu hija ha muerto, no molestes al Maestro». Oyendo esto Jesús dijo al padre de la niña: «No temas; pero solamente ten fe y se salvará». Y no permitió a nadie ir con Él sino a Simón Cefas, y Santiago y Juan, hermano de Santiago. Llegaron a casa del archisinagogo y los vio turbados, llorando y gritando. Y habiendo entrado les dijo: «¿Por qué estáis turbados llorando?, la niña no esta muerta, sino que duerme». Y se reían de él sabedores de que estaba muerta. Pero Él, echando a todos fuera, tomó al padre y a la madre de la niña y a Simón, Santiago y Juan y entró en el lugar donde estaba la niña. Cogiendo la mano de la niña, le dijo: «Niña, levántate». Volvió su espíritu, se levantó inmediatamente y se puso a andar; tenía unos doce años. Y mandó que le dieran de comer. Su padre quedó estupefacto en gran medida y les advirtió que no contaran a nadie lo que había sucedido. Y la noticia se divulgó por toda aquella tierra.

CIEGOS Y MUDOS PIDEN SU AUXILIO

Cuando Jesús marchó de allí, le siguieron dos ciegos gritando y diciendo: «Ten compasión de nosotros, hijo de David». Llegado a casa se le acercaron los dos ciegos. Y les dijo Jesús: «¿Creéis que lo puedo hacer?» Le contestaron: «Sí, Señor». Entonces tocó sus ojos y dijo: «Como habéis creído os suceda». E inmediatamente se abrieron sus ojos; y Jesús les conminó diciendo: «Cuidado, que no lo sepa nadie». Pero ellos en cuanto salieron divulgaron la noticia en toda aquella tierra.

Y cuando Jesús salió de allí, le presentaron a un mudo que tenía el demonio. Expulsado el demonio habló el mudo y se quedaron maravilladas las gentes diciendo: «Nunca ha sucedido esto en Israel».

Y Jesús recorría todas las ciudades y los pueblos enseñando en sus sinagogas, predicando el evangelio del reino y curando todas las enfermedades y dolencias. Y muchos le seguían.

Y cuando Jesús vio a las multitudes tuvo compasión de ellas, porque estaban cansadas y abandonadas como ovejas sin pastor.

PRIMERA MISIÓN DE SUS DISCÍPULOS

Llamando a sus doce discípulos, les dio poder y gran autoridad sobre todos los demonios y enfermedades. Y los envió de dos en dos a predicar el reino de Dios y a sanar a los enfermos. Y les mandó diciendo: «No vayáis por los caminos de los gentiles, ni entréis en las ciudades de los samaritanos: atended principalmente a las ovejas perdidas de entre los hijos de Israel. Y cuando vayáis, predicad diciendo: «El reino de los cielos está cerca». Curad a los enfermos, limpiad a los leprosos, expulsad a los demonios: gratis habéis recibido, dad gratis. No llevéis oro, ni plata, ni cobre en vuestras fajas; tampoco llevéis nada para el camino, salvo una vara solamente; ni alforja, ni pan, ni tengáis dos túnicas, ni zapatos, ni bastón; estaréis calzados con sandalias: pues el trabajador es digno de su alimento. En cualquier ciudad o pueblo que entréis, preguntad quién hay digno en ella y permaneced allí hasta que marchéis. Cuando entréis en una casa, saludadla. Y si la casa es digna, vendrá vuestra paz sobre ella; pero si no fuera digna, vuestra paz volverá a vosotros. Y si alguien no os recibe, ni escucha vuestras palabras, marchándoos de aquella casa o de aquella ciudad sacudid el polvo que haya bajo vuestros pies como testimonio contra ellos. En verdad os digo: Tendrá más alivio la tierra de Sodoma y Gomorra en el día del juicio que aquella ciudad».

CAPÍTULO XIII

CARACTERÍSTICAS DE LA MISIÓN APOSTÓLICA

NO TENGÁIS MIEDO

Dijo Jesús:

«Os envío como corderos en medio de lobos. Sed, por tanto, prudentes como serpientes y limpios como palomas. Cuidaos de los hombres porque os entregarán a los tribunales y en sus sinagogas os flagelarán, y seréis llevados ante gobernadores y reyes por mí, como testimonio para ellos y para los gentiles. Pero cuando os entreguen no premeditéis ni penséis lo que tenéis que hablar, pues se os dará en esa hora lo que tenéis que decir. No sois vosotros los que habláis, pues el Espíritu de vuestro Padre habla por vosotros. El hermano entregará a su hermano a la muerte y el padre al hijo; se levantarán los hijos contra los padres y los matarán; y os odiarán todos los hombres por Mi nombre: el que perseverare hasta el fin se salvará. Cuando os expulsen de una ciudad huid a otra. En verdad os digo: No terminaréis con todas las ciudades del pueblo de Israel hasta que venga el Hijo del hombre. El discípulo no es superior a su maestro, ni el siervo como su señor: Es suficiente para el discípulo ser como su maestro y al siervo como su señor. Si al dueño de la casa le han llamado Beelzebul: ¡cuánto más a sus domésticos! Por tanto no les tengáis miedo: pues nada hay encubierto que no sea revelado ni oculto que no se manifieste y se haga conocido. Lo que os digo en la oscuridad, decidlo vosotros a plena luz, y lo que oísteis con vuestros oídos en las habitaciones, será predicado sobre los terrados. Pues os digo a vosotros, amigos míos: No tengáis miedo a los que matan el cuerpo, pero no pueden matar el alma. Os mostraré a quién tenéis que temer: a aquel que puede destruir el cuerpo y el alma en la gehenna. Sí, os lo digo: Temed a éste principalmente. ¿No se venden dos pájaros por un as en la abacería?, y ni uno de ellos caerá en la tierra sin vuestro Padre. En lo qué a vosotros se refiere, hasta los cabellos de vuestra cabeza han sido contados. No tengáis, pues, miedo: vosotros sois mejores que muchos pajarillos. Por tanto, a todo el que me confiese delante de los hombres, lo confesaré yo delante de mi Padre que está en los cielos; pero al que me negare delante de los hombres, lo negaré también delante de mi Padre que está en los cielos.»

DIVISIÓN EN TORNO A JESÚS

«¿Pensáis que he venido a poner paz en la tierra? No he venido a poner paz, sino división. Desde ahora habrá cinco en una casa, tres de ellos estarán divididos contra dos y dos contra tres. Se dividirán el padre contra su hijo y el hijo contra su padre, la madre contra la hija y la hija contra la madre, la suegra contra su nuera y la nuera contra su suegra: los enemigos del hombre serán sus propios domésticos. El que ama al padre o a la madre más que a mí, no es digno de mí; y el que ama al hijo o a la hija con más profundo amor que a mí, no es digno de mí. Y todo el que no acepta su cruz y me sigue, no es digno de mí. El que encuentra su vida la perderá y el que pierda su vida por mí la encontrará.

«El que os recibe a vosotros me recibe a mí; y el que me recibe a mí, recibe a aquel que me envió. El que recibe a un profeta en nombre del profeta, recibirá recompensa de profeta; y el que recibe a un hombre justo en nombre del justo, recibirá recompensa de justo. Y el que dé de beber un vaso de agua a uno de estos pequeños a título de discípulo, en verdad os digo: No perderá su recompensa.»

SÓLO UNA COSA ES NECESARIA

Y cuando terminó de exponer Jesús los preceptos a sus doce discípulos se marchó de allí para enseñar y predicar en sus ciudades. Cuando iban de camino entraron en cierta aldea; y una mujer, de nombre Marta, lo hospedó en su casa. Tenía una hermana llamada María, la cual vino y se sentó a los pies del Señor y oía sus palabras. Marta estaba preocupada por el excesivo quehacer; acercándose le dijo: «Señor, ¿no te importa que mi hermana me haya dejado sola para servir?, dile que me ayude». Respondió Jesús y le dijo: «Marta, Marta, estás afanada y preocupada por muchas cosas. Pero sólo una es necesaria. María se ha escogido la mejor parte, que no le será quitada».

Saliendo los apóstoles, predicaban a los hombres que hicieran penitencia y expulsaban muchos demonios, ungían con óleo a muchos enfermos y los curaban.

JUAN PREGUNTA A JESÚS

Anunciaron a Juan sus discípulos todas estas cosas. Y Juan, cuando oyó en la prisión las obras de Cristo, llamó a dos de sus discípulos y los envió a Jesús diciendo: «¿Eres tú el que ha de venir o esperamos a otro?» Vinieron a Jesús y le dijeron: «Juan Bautista nos ha enviado a ti diciendo: ¿Eres tú el que ha de venir o esperamos a otro?» En aquel momento curó a muchos de sus enfermedades y de las dolencias del espíritu malo y dio la vista a muchos ciegos. Jesús respondió y les dijo: «Id y anunciad a Juan todas las cosas que habéis visto y oído: los ciegos ven, los cojos andan, los leprosos son limpiados, los sordos oyen, los muertos resucitan, los pobres son evangelizados; y dichoso aquel que no se escandalice de mí».

Cuando se marcharon los discípulos de Juan, comenzó Jesús a decir a las multitudes de Juan: «¿Qué salisteis a ver en el desierto? ¿Una caña sacudida por el viento? O de otro modo,

¿qué salisteis a ver? ¿A un hombre vestido con ropas elegantes? Ciertamente, los que están con vestidos lujosos y placeres viven en las casas de los reyes. Pero, ¿qué salisteis a ver?, ¿a un profeta? Sí, os digo: y más que un profeta. Éste es del que fue escrito:

He aquí que yo envío mi ángel delante de ti,
para preparar el camino delante de ti».

CAPÍTULO XIV

EL REINO DE LOS CIELOS SUFRE VIOLENCIA

EL MAYOR ELOGIO DE JUAN

Dijo Jesús:

«En verdad os digo: Entre los nacidos de mujer no ha surgido uno mayor que Juan el Bautista; pero el menor en el reino de los cielos es mayor que él. Todo el pueblo que escuchaba y los publicanos alababan la justicia de Dios, porque habían sido bautizados con el bautismo de Juan. Pero los fariseos y escribas pensaron en su interior injustamente contra Dios, porque no habían sido bautizados por Él. Desde los días de Juan el Bautista hasta ahora, el reino de los cielos se arrebata con violencia. La ley y los profetas fueron hasta Juan: desde entonces el reino de Dios es evangelizado y todos se esfuerzan por entrar y los más esforzados lo arrebatan. Todos los profetas y la ley profetizaron hasta Juan. Y, si queréis, aceptad: él mismo es Elías, el que tiene que venir. El que tenga oídos para oír que oiga. Es más fácil que pasen el cielo y la tierra que caiga un punto de la ley. ¿A quién compararé a los hombres de esta generación?, ¿a quién se parecen? Son semejantes a los niños, que sentados en la plaza hacen señas a sus compañeros y les dicen: «Os hemos cantado y no habéis bailado; hemos cantado lamentaciones y no habéis llorado». Vino Juan el Bautista que no comía pan ni bebía vino y dijisteis: «Tiene el demonio». Pero vino el Hijo del hombre comiendo y bebiendo y dijisteis: «He aquí un hombre glotón y bebedor de vino, amigo de publicanos y pecadores». Y la sabiduría fue justificada por todos sus hijos.»

EL REINO DE DIOS Y BEELZEBUL

Y diciendo esto vinieron a casa; y la multitud se reunió de nuevo en tomo a Él, de tal forma que no podían comer el pan. Estaba arrojando un demonio que era mudo. Y cuando arrojó aquel demonio habló el mudo; las gentes quedaron admiradas. Pero cuando los fariseos oyeron esto dijeron: «Éste no expulsa los demonios sino con Beelzebul, príncipe de los demonios, que está en él». Y otros tentándolo le pedían un signo del cielo. Pero Jesús conociendo sus pensamientos les dijo en parábolas: «Todo reino dividido contra sí mismo será desolado; y toda casa o ciudad dividida contra sí misma no subsistirá. Pero si Satanás arroja a Satanás está dividido contra sí mismo y no podrá subsistir, sino que será su fin. Por tanto, ¿cómo estará firme su reino? Porque decís que yo arrojo los demonios con Beelzebul, ¿no? Y si yo expulso los demonios con Beelzebul, ¿vuestros hijos con quién los echan? Por eso ellos mismos serán vuestros jueces. Pero si yo arrojo los demonios con el Espíritu de Dios, entonces el reino de Dios está cerca de vosotros. O ¿cómo puede un hombre cualquiera entrar en la casa de un forzudo y robar su ajuar[17] si no se asegura antes contra el fuerte? Y entonces expoliará su casa. Cuando uno fuerte y armado guarda su entrada están seguras sus posesiones; pero si llega otro más fuerte que él, le vencerá y le quitará todas las armas en las que confiaba y repartirá sus despojos. El que no está conmigo está contra mí, el que no recoge conmigo, desparrama verdaderamente.

»Por tanto, os digo, que todos los pecados serán perdonados a los hombres y las blasfemias con las que blasfemaren; pero el que blasfemare contra el Espíritu Santo no tendrá perdón nun-

---

[17] En árabe igual puede significar vestidos que utensilios.

ca, sino que será reo de castigo eterno». Porque decían que en Él estaba el espíritu inmundo, les dijo de nuevo: «Cualquiera que diga una palabra contra el Hijo del hombre se le perdonará; pero el que la dijera contra el Espíritu Santo no se le perdonará ni en este mundo ni en el mundo futuro. O hacéis el árbol bueno y su fruto es bueno o hacéis un árbol malo y su fruto es malo, pues el árbol se conoce por su fruto. Raza de víboras, ¿cómo podéis hablar bien si sois malos? De la abundancia del corazón habla la boca. El hombre bueno del buen tesoro que está en su corazón produce el bien y el hombre malo, del mal tesoro que está en su corazón, produce el mal. Os digo, que de toda palabra ociosa que pronuncien los hombres se les pedirá razón de ella en el día del juicio, porque por tus palabras serás justificado y por tus palabras condenado». Y dijo a las gentes: «Cuando veis que surge una nube por poniente, en seguida decís: viene el agua y así sucede; y cuando sopla el bochorno, decís: habrá calor y sucede. Y por la tarde decís: habrá buen tiempo, pues el cielo está enrojecido. Y por la mañana decís: hoy habrá tormenta, pues enrojece el cielo pálido. Hipócritas, sabéis discernir el aspecto del cielo y de la tierra; pero no sabéis discernir los signos de estos tiempos».

EL HOMBRE MUDO Y CIEGO

Entonces le presentaron uno que tenía un demonio mudo y ciego y lo curó, de tal modo que el mudo y ciego hablaba y veía. Las multitudes se quedaban estupefactas y decían: «¿Acaso es éste el hijo de David?»

FARISEO ESCANDALIZADO

Volviendo los Apóstoles a Jesús le contaron todas las cosas que habían hecho y realizado. Y les dijo: «Venid, vayamos aparte a un lugar solitario para descansar un poco». Muchos iban y venían y no tenían tiempo ni para comer el pan.

Después de esto vino uno de los fariseos y le rogó que comiera el pan con él. Y entrando en la casa del fariseo se sentó a la mesa. Había en aquella ciudad una mujer pecadora, la cual, cuando supo que estaba sentado a la mesa en casa del fariseo, tomó un frasco con ungüentos; y estando de pie, detrás, a sus pies llorando, comenzó a regar sus pies con lágrimas y los secaba con los cabellos de su cabeza y besaba sus pies y los ungía con el ungüento. Viendo esto el fariseo que le había invitado, pensaba interiormente diciendo: Si éste fuera Profeta sabría ciertamente quién es ésta y cuál es su fama, pues la mujer que le tocaba era pecadora.

CAPÍTULO XV

JESÚS NOMBRA NUEVOS DISCÍPULOS

LOS PECADOS TE SON PERDONADOS

Respondió Jesús y le dijo: «Simón, tengo algo que decirte». Y él dijo: «Maestro, dilo». Jesús le dijo: «Cierto acreedor tenía dos deudores: uno debía quinientos denarios y el otro cincuenta. Como no tenían ellos de dónde pagar, les perdonó a los dos. ¿Cuál de ellos le debe amar más?» Respondió Simón y dijo: «Estimo que aquél a quien más perdonó». Jesús le dijo: «Has juzgado rectamente». Y vuelto hacia la mujer dijo a Simón: «¿Ves esta mujer? Yo entré en tu casa y no me diste agua para lavarme los pies: ésta, en cambio, regó mis pies con lágrimas y los ha enjugado con sus cabellos. No me diste el beso: ésta, en cambio, no ha cesado de besar mis pies desde que entró. No ungiste mi cabeza con óleo, ésta, en cambio, ha ungido mis pies con ungüentos. Por ello te digo: Le son perdonados muchos pecados porque ha amado mucho. Pero aquél al que se le perdona poco, ama poco». Y dijo a la mujer: «Los pecados te son perdonados». Y comenzaron los invitados a decir dentro de sí: ¿Quién es éste que hasta perdona los pecados? Pero Jesús dijo a la mujer: «Tu fe te ha salvado: vete en paz».

Y muchos creyeron en Él viendo los signos que hacía. Pero Jesús no se confiaba a ellos, porque Él mismo conocía a todos los hombres, y no tenía necesidad de que nadie le diera testimonio sobre los hombres porque sabía lo que había en los hombres.

ENVÍO DE LOS SETENTA Y DOS DISCÍPULOS

Después de esto, Jesús nombró otros setenta[18] de sus discípulos y los envió de dos en dos delante de Él a toda región y ciudad a la que iba a ir Él. Les decía: «La mies es mucha, pero los operarios pocos. Rogad al señor de la mies que envíe operarios a su mies. Id, he aquí que yo os envío como corderos entre lobos. No llevéis bolsas, ni alforja, ni calzado y a nadie saludéis por el camino. En cualquier casa donde entréis saludad primero a esa casa y si hay allí un hijo de la paz vuestra paz descansará sobre él: y si no lo hubiere vuestra paz, volverá a vosotros. Y permaneced en la misma casa comiendo y bebiendo de sus bienes, porque el obrero tiene derecho a su salario. No cambiéis de casa en casa. Y en cualquier ciudad que entréis y os reciban comed lo que os pongan, curad a los enfermos que haya en ella y decidles: «Se acerca a vosotros el reino de Dios». Pero en cualquier ciudad donde entréis y no os reciban salid a la plaza y decid: «Hasta el polvo de vuestra ciudad que se adhirió a nuestros pies sacudimos sobre vosotros; pero sabed esto: que el reino de Dios está cerca de vosotros». Os digo: El día del juicio habrá alivio para Sodoma, pero no para esa ciudad».

AVISO A LAS CIUDADES REBELDES

Entonces comenzó Jesús a maldecir a las ciudades en las que habían sido hechas muchas obras poderosas y no habían hecho penitencia. Y dijo: «Ay de ti, Corozaín, ay de ti Betsaida, si en Tiro y en Sidón se hubieran hecho los signos que fueron hechos en ti tal vez hubieran hecho penitencia con cilicio y ceniza. Sin embargo, os digo: Habrá más alivio el día del juicio para Tiro y Sidón que para vosotras. Y tú, Cafarnaún, que te has encumbrado hasta el cielo, caerás al abismo; pues si a

---

[18] La Vulgata dice 72.

Sodoma se le hubiesen hecho los favores que se te hicieron a ti ciertamente subsistiría hasta el día de hoy. Pero ahora te digo: Habrá más alivio para la tierra de Sodoma el día del juicio que para ti».

IDENTIDAD ENTRE APÓSTOLES Y MAESTRO

Dijo nuevamente a sus Apóstoles: «Quien os oye a vosotros me oye a mí y el que me oye a mí oye al que me envió; el que os desprecia me desprecia a mí y el que me desprecia a mí desprecia al que me envió».

Y los setenta volvieron con grande alegría y le dijeron: «Señor, hasta los demonios se nos han sometido en tu nombre».

Les dijo: «Veía a Satanás caer como un rayo del cielo. He aquí que os he dado poder de pisar serpientes y escorpiones y toda clase de enemigos y nada os hará daño. Sin embargo, no conviene que os alegréis de que os están sometidos los demonios; sino alegraos porque vuestros nombres están escritos en el cielo».

JESÚS REVELA AL PADRE. ¡VENID A MÍ, APRENDED DE MÍ!

Y en la misma hora Jesús se alegró en el Espíritu Santo y dijo: «Te confieso, Padre, Señor de cielo y tierra, porque has escondido estas cosas a los sabios y entendidos y se las has revelado a los párvulos. Sí, Padre, así fue tu voluntad». Y volviéndose a sus discípulos les dijo: «Todas las cosas me han sido entregadas por mi Padre; nadie sabe quién sea el Hijo sino el Padre, y quién sea el Padre sino el Hijo y aquel a quien el Hijo se lo quiera revelar. Venid a mí todos los que estáis cansados y agobiados y yo os aliviaré. Tomad mi yugo sobre vosotros y aprended de mí que soy manso y humilde de corazón y encontraréis el descanso para vuestras almas. Pues mi yugo es suave y mi carga ligera».

AMAR A JESÚS SOBRE TODO

Y como iban muchas multitudes con Él se volvió y les dijo: «El que viene conmigo y no odia a su padre y a su madre, y a hermanos y hermanas, a mujeres e hijos, incluso a su vida no puede ser mi discípulo. Y el que no lleva su cruz y me sigue no puede de ninguna manera ser discípulo mío. ¿Quién de vosotros, queriendo edificar un palacio, no se sienta primero a contar sus gastos y si tiene para terminarlo, no sea que después de poner los cimientos y no pudiera llevarlo a cabo todos los que lo ven se rían de él diciendo: Este hombre comenzó a edificar y no pudo terminar?, o ¿qué rey dispuesto a declarar la guerra a otro rey no piensa primero si puede hacer frente con diez mil al que viene contra él con veinte mil? De otro modo, estando él todavía lejos, enviándole una embajada, le pide la paz. Así ha de pensar cualquiera de vosotros que quiera ser discípulo mío; si, pues, no renuncia a todas las cosas que posee no puede ser mi discípulo».

CAPÍTULO XVI

JESÚS PREDICA EL REINO DE DIOS CON PARÁBOLAS

ESCRIBAS Y FARISEOS TIENTAN A JESÚS

Entonces le respondieron algunos de los escribas y fariseos para tentarle diciendo: «Maestro, queremos ver un signo tuyo». Él respondiendo dijo: «Esta generación mala y adúltera quiere un signo y no se le dará otro sino el signo de Jonás el profeta. Pues como fue Jonás signo para los ninivitas, así será el Hijo del hombre para esta generación. Y como estuvo Jonás en el vientre de la ballena tres días y tres noches, así estará el Hijo del hombre en el corazón de la tierra tres días y tres noches. La reina del Austro se levantará en el juicio con los hombres de esta generación y los condenará, porque vino de los confines de la tierra a oír la sabiduría de Salomón: y éste es más que Salomón. Los hombres de Nínive se levantarán en el juicio con esta generación y la condenarán, porque hicieron penitencia con la predicación de Jonás: y éste es mayor que Jonás. Cuando un espíritu inmundo sale de un hombre anda y da vueltas por lugares desérticos para encontrar descanso y no encontrándolo dice: Volveré a mi casa de donde salí. Y si viene y la encuentra ordenada y arreglada, entonces va y toma otros siete espíritus consigo, peores que él y entra y habitan en ella. Y la última situación de este hombre es peor que la primera. Así sucederá a esta pésima generación».

EL VERDADERO DISCÍPULO DE JESÚS

Y cuando decía estas cosas, levantando la voz cierta mujer de la multitud, le dijo: «Dichoso el vientre que te llevó y los pechos que te amamantaron». Pero Él le dijo: «Dichoso el que escucha la palabra de Dios y la cumple». Estando todavía hablando a las gentes se acercaron a Él su madre y sus hermanos y querían hablar con Él, pero no podían por la multitud; y estando fuera enviaron a llamarle. Alguien le dijo: «Mira, tu madre y tus hermanos están fuera y quieren hablar contigo». Él respondió al que le hablaba: «¿Quién es mi madre y quiénes son mis hermanos?» Y con la mano extendida y señalando a sus discípulos dijo: «He aquí mi madre y he aquí mis hermanos; pues cualquiera que cumpla la voluntad de mi Padre que está en los cielos, ése es mi hermano y mi hermana y mi madre».

ALGUNAS MUJERES LE ACOMPAÑABAN

Después de estas cosas Jesús recorría ciudades y pueblos predicando y anunciando el reino de Dios; y los doce con Él y las mujeres que habían sido curadas de enfermedades y espíritus malignos: María de nombre Magdalena, de la cual había echado siete demonios, y Juana, mujer de Cusa, administrador de Herodes, y Susana y otras muchas que les servían con sus bienes.

SALIÓ EL SEMBRADOR A SEMBRAR

Después de esto, Jesús salió de casa y se sentó sobre la orilla del mar. Y se reunieron en tomo a Él muchas gentes y como se hiciese cerca de Él una gran presión de los hombres se subió y se sentó en una barca; toda la multitud estaba en la orilla del mar y les hablaba muchas cosas en parábolas, diciendo: «Mirad: salió el sembrador a sembrar. Y cuando sembraba, algunas semillas[19] cayeron al lado del camino y fueron pisoteadas y se las comieron las aves. Y otras cayeron sobre las piedras y otras donde no había mucha tierra y brotaron en seguida, porque no tenían profundidad en la tierra: cuando salió el sol se sofocaron y como no tenían raíz se secaron. Y algunas cayeron entre abrojos y nacieron a la vez los abrojos y las sofocaron y no dieron fruto; otras cayeron en tierra buena y excelente y se desarrollaron y crecieron y dieron fruto unas treinta, otras sesenta, otras cien. Y diciendo esto gritó: El que tenga oídos para oír que oiga».

Y cuando estuvieron solos vinieron sus discípulos y preguntándole, le dijeron: «¿Qué significa esta parábola? y ¿por qué les hablas en parábolas?» Él respondió y les dijo: «A vosotros se os ha dado el conocimiento de los misterios del reino de Dios; pero no ha sido dado a aquellos que están fuera. Al que tiene se le dará y abundará; pero al que no tiene se le quitará hasta lo que tiene. Les hablo en parábolas para que viendo no vean, oyendo no oigan ni entiendan. Para que se cumpla en ellos la profecía de Isaías que dice:

Oirán con el oído y no entenderán;
viendo verán y no percibirán;
pues se ha embotado el corazón de este pueblo,
y en sus orejas se ha hecho duro su oído,
y han cerrado sus ojos;
no sea que vean con sus ojos,
oigan con sus oídos,
y entiendan en sus corazones,
y se conviertan
y los sane».

---

[19] Taciano en esta parábola dice siempre semilla en singular.

JESÚS EXPLICA LA PARÁBOLA

«Pero vosotros, dichosos son vuestros ojos que ven y vuestros oídos que oyen. Dichosos los ojos que ven lo que vosotros veis. En verdad os digo: Muchos profetas y justos desearon ver lo que veis y no vieron y oír lo que oís y no oyeron. Si no entendéis esta parábola, ¿cómo conoceréis todas las parábolas? Oíd la parábola del sembrador. El sembrador siembra la palabra de Dios. Todo el que oye la palabra del reino, y no entiende, viene el malo y arrebata la palabra sembrada en su corazón: ésta es la que fue sembrada junto al camino. Pero la que fue sembrada sobre las piedras, éste es el que oye la palabra y la recibe en seguida con alegría; sin embargo, como no tiene en sí raíz y su fe en ella es por poco tiempo, llegadas las tribulaciones y persecuciones por la palabra, en seguida se tambalea. La que fue sembrada entre abrojos es el que oye la palabra, pero la preocupación de este mundo, la falacia de las riquezas y las demás concupiscencias entran y sofocan la palabra y la dejan sin fruto. La que fue sembrada en buena tierra es aquel que oye mi palabra con corazón puro y óptimo y entiende y retiene y produce fruto con perseverancia y da o cien, o sesenta, o treinta». Y decía: «El reino de Dios es como el hombre que echa la simiente en tierra y duerme y se levanta de noche y de día y la semilla germina y se desarrolla sin que se dé cuenta. La tierra la lleva a dar fruto: primero será la hierba, después la espiga y finalmente perfecto trigo en la espiga. Y cuando se ha producido el fruto se mete la hoz inmediatamente porque la cosecha está dispuesta».

CAPÍTULO XVII

LAS GENTES SE MARAVILLABAN DE SU ENSEÑANZA

EL SEMBRADOR DE CIZAÑA

Les propuso otra parábola diciendo: «Semejante es el reino del cielo al hombre que sembró buena semilla en su campo. Cuando dormían los hombres vino su enemigo, sembró cizaña en medio del trigo y se marchó. Pero cuando creció la hierba y dio fruto entonces apareció la cizaña. Se acercaron los criados del amo y le dijeron: «Señor, ¿no sembraste buena semilla en tu campo? ¿De dónde ha salido la cizaña?» Les dijo: «El hombre enemigo ha hecho esto». Le dijeron los criados: «¿Quieres que vayamos y la arrancamos?» Les dijo: «Y si arrancando vosotros la cizaña arrancáis también el trigo?» Dejad que ambas crezcan hasta la siega y en el tiempo de la siega diré a los segadores: Seleccionad primero la cizaña y atadla en gavillas para quemarla en el fuego, pero el trigo almacenadlo en mi granero"».

PARÁBOLAS DEL GRANO DE MOSTAZA Y LA LEVADURA

Y les propuso otra parábola diciendo: «¿A qué es semejante el reino de Dios y a qué lo asimilaré?, ¿a qué parábola lo compararé? Es semejante al grano de mostaza que agarrándolo un hombre lo sembró en su campo y que es la más pequeña de todas las semillas de todas las que se siembran en la tierra y que hay sobre la tierra. Cuando crece es mayor que las hortalizas y produce grandes ramas, de tal manera que los pájaros anidan en sus ramas».

Y les propuso otra parábola: «¿A qué compararé el reino de Dios? Es semejante a la levadura que toma una mujer y la mete en tres medidas de harina hasta que todo está fermentado».

Todas estas cosas habló Jesús a las gentes en parábolas, según podían escuchar; sin parábolas no les hablaba, para que se cumpliera lo dicho por el Señor por medio del profeta:

Abriré mi boca en parábolas,
y proferiré lo escondido antes de la creación del mundo.

Pero Él explicaba a sus discípulos todo en privado.

JESÚS EXPLICA LAS PARÁBOLAS A SUS DISCÍPULOS

Entonces Jesús despidió a las gentes y vino a casa; y se le acercaron sus discípulos y le dijeron: «Explícanos la parábola de la cizaña y del campo». Respondió y les dijo: «El que siembra la buena semilla es el Hijo del hombre; y el campo es el mundo; y la buena semilla son los hijos del reino; y la cizaña son los hijos del maligno; y el enemigo que la siembra es el diablo; y la cosecha es el fin del mundo; y los segadores son los ángeles. Y como se separa la cizaña y se quema en el fuego, así sucederá en la consumación de ese mundo: Enviará el Hijo del hombre a sus ángeles y separarán de su reino todos los escándalos y a todos los operadores de la iniquidad y los enviarán al horno de fuego: allí será el llanto y rechinar de dientes. Entonces los justos resplandecerán como el sol en el reino de su Padre. El que tenga oídos para oír que oiga».

TRES NUEVAS PARÁBOLAS

«También es semejante el reino de los cielos a un tesoro escondido en el campo, el cual, el hombre que lo encuentra lo esconde y por su alegría en ello, va, vende todo lo que tiene y compra el campo.»

«También es semejante el reino de los cielos a un hombre comerciante que busca perlas preciosas. Cuando encuentra una perla preciosa va y vende todo lo que tiene y la compra.»

«También es semejante el reino de los cielos a una red echada al mar y que atrapa de todas las clases: y cuando está llena la sacan a la orilla del mar y se sientan para seleccionar, los buenos los ponen en cestos, pero los malos los arrojan fuera. Así sucederá al fin del mundo: saldrán los ángeles y separarán a los malos de entre los justos y los enviarán al horno de fuego: allí será el llanto y rechinar de dientes.»

Les dijo Jesús: «¿Habéis entendido todas estas cosas?» Le dijeron: «Sí, Señor». Les dijo: «Por tanto, todo escriba discípulo del reino de los cielos es semejante a un hombre padre de familia que saca de su tesoro cosas nuevas y viejas».

EN LA SINAGOGA DE NAZARET

Y cuando Jesús acabó todas estas parábolas, marchó de allí y vino a su ciudad y les enseñaba en su sinagoga de forma que se maravillaban. Llegado el sábado, comenzó Jesús a enseñar en la sinagoga y muchos de los oyentes se admiraban y decían: «¿De dónde le vienen a éste estas cosas?» y muchos le tenían envidia y no le creían, sino que decían: «¿Qué es esta sabiduría que le ha sido dada a éste para que por sus manos se hagan tales prodigios? ¿No es éste carpintero, hijo de carpintero? ¿No se llama su madre María y sus hermanos Santiago y José y Simón y Judas? ¿Y sus hermanas no están todas con nosotros? ¿De dónde todas estas cosas a éste?» Y se escandalizaban en Él.

Pero Jesús conociendo sus pensamientos les dijo: Tal vez me digáis este proverbio: Médico, cúrate a ti mismo primero: todas las cosas que hemos oído que has hecho en Cafarnaún, hazlas también aquí en tu patria». Y dijo: «En verdad os digo: El profeta no es recibido en su patria, ni entre sus hermanos, porque no hay profeta sin honor sino en su patria y en su parentela y en su casa. En verdad os digo: Muchas viudas había en tiempos del profeta Elías entre los hijos de Israel, cuando estuvo cerrado el cielo tres años y seis meses y se hizo una gran hambre en toda la tierra, y a ninguna de ellas fue enviado Elías, sino en Sarepta de Sidón, a una mujer viuda. Y muchos leprosos había entre los hijos de Israel en los días del profeta Eliseo y ninguno de ellos fue curado sino Naamán el Nabateo[20]». Y no pudo hacer allí muchos prodigios por su incredulidad, salvo unos pocos enfermos que curó imponiéndoles las manos. Y se asombraba de su falta de fe. Y cuando oyeron los que estaban en la sinagoga se llenaron de gran ira. Y levantándose lo arrojaron fuera de la ciudad, y lo llevaron a la cima del monte, sobre el cual estaba edificada su ciudad, para precipitarlo del pico más alto. Pero Él, pasando por medio de ellos, se marchó. Y recorría los pueblos alrededor de Nazaret y enseñaba en sus sinagogas.

---

[20] La **Peshitta** le llama arameo.

CAPÍTULO XVIII

ANDABAN LAS GENTES COMO OVEJAS SIN PASTOR

HERODES ASESINA A JUAN

En aquel tiempo oyó el tetrarca Herodes la fama de Jesús; y todas las cosas que se hacían por sus manos y estaba maravillado: porque su fama estaba afirmada fuertemente. Y algunos decían que Juan Bautista había resucitado de entre los muertos; otros decían que Elías se había aparecido; otros, por el contrario, que Jeremías; y otros que un profeta de los antiguos profetas había resucitado; y otros decían que era profeta como uno de los profetas. Dijo Herodes a sus siervos: «Éste es Juan el Bautista de quien yo corté la cabeza: él mismo ha resucitado de entre los muertos y por esto se hacen prodigios por él». Porque Herodes lo había mandado y detuvo a Juan y lo metió en la cárcel por causa de Herodías, mujer de su hermano Filipo a la que había tomado por esposa. Pues decía Juan a Herodes: «No te es lícito tener la mujer de tu hermano». Y Herodías lo eludía y quería matarlo; pero no podía. Y Herodes temía a Juan, sabedor de que era un varón justo, santo; y lo protegía, y oía las muchas cosas que hacía y le obedecía con gusto. Y queriendo matarlo tuvo miedo al pueblo porque lo tenía por profeta.

Y sucedió un día solemne que Herodes hizo, en el día de su aniversario, un banquete a sus oficiales, y jefes y principales de Galilea. Y entró la hija de Herodías y bailó en medio de la asamblea y agradó a Herodes, así como a los comensales, y el rey dijo a la muchacha: «Pídeme lo que quieras y te lo daré»; y le juró: «Lo que pidas te daré, incluso la mitad de mi reino». Pero ella se salió y dijo a su madre: «¿Qué pido?» Le dijo: «La cabeza de Juan el Bautista». Y acercándose inmediatamente muy contenta al rey le dijo: «Quiero que en este momento me des en una bandeja la cabeza de Juan el Bautista». Y el rey se entristeció mucho y por el juramento y por los comensales no quiso frustrarla; e inmediatamente envió el rey a un verdugo y le mandó que le trajera la cabeza de Juan. Y se fue y cortó la cabeza de Juan en la cárcel, y la trajo en una bandeja; y se la dio a la muchacha y la muchacha se la dio a su madre. Enterados sus discípulos, vinieron, tomaron su cuerpo y lo enterraron; y viniendo comunicaron a Jesús lo que había sucedido. Por esto había dicho Herodes: «Yo degollé a Juan: ¿Quién es éste de quien oigo estas cosas?» Y quería verlo. Y cuando Jesús oyó esto, se marchó de allí en barca a un lugar solitario Él solo, al otro lado del mar de Galilea de Tiberio.

LA MULTIPLICACIÓN DE LOS PANES

Muchos los vieron marcharse y los reconocieron y andando a pie aprisa de todas las ciudades llegaron antes al lugar, porque veían los signos que hacía con los enfermos. Jesús subió, pues, al monte y allí se sentó con sus discípulos. Estaba próxima la fiesta de Pascua de los Judíos. Y elevando los ojos Jesús vio una gran multitud que se había acercado a Él, y tuvo compasión de ellos porque eran como ovejas que no tienen pastor. Y los recibió y les hablaba del reino de Dios y curaba a los que necesitaban curación. Y al caer de la tarde se acercaron a Él sus discípulos diciendo: «El lugar es solitario y el tiempo ya ha pasado: despide a estas multitudes de hombres para que vayan a las aldeas y pueblos circunvecinos a comprarse pan: no tienen nada para comer». Y Él les dijo: «No tienen necesidad de marcharse: dadles vosotros de comer». Le dijeron: «No tenemos aquí».

Dijo a Felipe: «¿Dónde compramos pan para que coman éstos?» Pero esto lo decía tentándolo, pues Él sabía lo que iba a hacer. Le dijo Felipe: «Doscientos denarios de pan no les son suficientes para que cada uno reciba un poco». Le dijo uno de sus discípulos, a saber, Andrés hermano de Simón Cefas: «Hay aquí un muchacho que tiene cinco panes de cebada y dos peces; y ¿qué es esta cantidad para todos éstos? ¿Pero quieres que vayamos y compremos para que todos coman? Pues no tenemos más que estos cinco panes y dos peces». Y había mucha hierba en aquel lugar.

Jesús les dijo: «Disponed que todos se sienten sobre la hierba en grupos de cincuenta». Y los discípulos hicieron así. Y se sentaron todos en grupos de cien y cincuenta. Entonces les dijo Jesús: «Traed esos cinco panes y dos peces». Y cuando se los trajeron, tomó Jesús los panes y los peces y mirando al cielo los bendijo y los partió y se los dio a sus discípulos para que los pusieran delante de ellos. Y los discípulos pusieron ante la multitud los panes y los peces. Y comieron todos y quedaron satisfechos. Y cuando se llenaron, dijo a sus discípulos: «Recoged los fragmentos que han sobrado para que no se pierda nada». Y los recogieron y llenaron doce cestos de fragmentos que les habían sobrado a los que comieron de los cinco panes de cebada y dos peces. Y los que comieron eran cinco mil hombres, exceptuados mujeres y niños. E inmediatamente obligó a sus discípulos a subir a la barca y adelantársele al otro lado, a Betsaida, mientras Él despedía a las multitudes. Pero aquellos hombres, que habían visto el signo que hizo Jesús, dijeron: «Este es el verdadero profeta que ha venido al mundo». Y sabiendo Jesús que iban a venir a por Él para hacerlo rey, los dejó y subió al monte Él solo a orar. Y cuando se hizo tarde sus discípulos bajaron al mar. Y sentados en la pequeña nave fueron al otro lado del mar en Cafarnaún; la oscuridad dominaba y Jesús no había venido a ellos. Y el mar, soplando un fuerte viento, se embravecía. Y la navecilla distaba de tierra muchos estadios y era azotada mucho por las olas; el viento les era contrario.

CAPÍTULO XIX

JESÚS ANUNCIA EL PAN DE LA VIDA

SOY YO: NO TENGÁIS MIEDO

Y a la cuarta vigilia de la noche vino Jesús a ellos andando sobre el agua. Después de que hicieron una difícil travesía de unos veinticinco o treinta estadios y acercándose Él a su nave, lo vieron sus discípulos andando sobre el agua y se turbaron creyendo que era un fantasma. Y gritaron por temor. Y al instante Jesús les habló diciendo: «¡Ánimo!, soy yo: no tengáis miedo». Y Cefas, respondiendo, le dijo: «Señor, si eres tú, mándame ir a ti sobre las aguas». Y Jesús le dijo: «Ven». Y bajando Cefas de la navecilla andaba sobre el agua para ir a Jesús. Pero cuando vio un fuerte viento y comenzó a sumergirse, levantó su voz y dijo: «Señor, sálvame». Y al instante, el Señor extendió su mano y lo agarró y le dijo: «Hombre de poca fe, ¿por qué has dudado?» Y acercándose Jesús subieron Él y Simón a la nave e inmediatamente cesó el viento. Y los que estaban en la nave vinieron y le adoraron diciendo: «Verdaderamente eres Hijo de Dios». Y enseguida aquella nave llegó a la tierra a la que se dirigía[21] Cuando salieron de la nave a tierra se maravillaban mucho mutuamente y estaban estupefactos dentro de sí; pues no habían entendido lo de los panes, porque su corazón estaba embotado.

---

[21] Taciano omite aquí el nombre de Genesaret según Mc 6, 53 y Mt 14, 34.

Y QUEDABAN SANOS

Y cuando la gente de aquella región conoció la llegada de Jesús, dándose prisa en toda aquella tierra, comenzaron a llevar a los enfermos en sus camillas, donde oían que estaba Él. Y por cualquier sitio que entrara en los pueblos y ciudades, ponían los enfermos en las plazas y le rogaban tocar al menos la orla de su manto; y los que lo tocaban quedaban sanos y curados.

YO SOY EL PAN DE LA VIDA

Al día siguiente la gente que se había quedado al otro lado del mar vio que allí no había otra navecilla sino aquella en la cual habían subido los apóstoles; y que Jesús no había entrado con sus discípulos en la nave; pero había otras barcas de Tiberíades cerca del lugar donde habían comido el pan bendecido por Jesús. Pero cuando la multitud se dio cuenta de que Jesús no estaba allí ni sus discípulos, subieron a aquellas barcas y vinieron a Cafarnaún y buscaron a Jesús. Y cuando lo encontraron al otro lado del mar, le dijeron: «Maestro, ¿cuándo has venido aquí?» Respondió Jesús y les dijo: «En verdad, en verdad os digo: Me buscáis no porque habéis visto signos, sino porque comisteis pan y quedasteis saciados. Trabajad no por el alimento que perece, sino por el alimento que permanece para la vida eterna, que el Hijo del hombre os dará. A éste lo ha sellado Dios Padre». Le dijeron: «¿Qué tenemos que hacer para obrar las obras de Dios?» Respondió Jesús y les dijo: «Ésta es la obra de Dios, que creáis en aquel que Él ha enviado». Le dijeron: «¿Qué signo has hecho para que lo viéramos y creyéramos en ti?, ¿qué has hecho? Nuestros padres comieron el maná en el desierto, como está escrito: Les dio a comer pan del cielo».

Les dijo Jesús: «En verdad, en verdad os digo: Moisés no os dio pan del cielo, sino mi Padre os da el verdadero pan del cielo. El pan de Dios es el que baja del cielo y da la vida al mundo».

Le dijeron: «Señor, danos siempre este pan». Les dijo Jesús: «Yo soy el pan de la vida: el que viene a mí no tendrá hambre y el que cree en mí no tendrá sed nunca. Pero os dije: Vosotros me habéis visto y no habéis creído. Todo lo que me dio mi Padre vendrá a mí y a aquel que venga a mí no lo echaré fuera: porque he bajado del cielo no para hacer mi voluntad, sino la voluntad del que me envió. Y ésta es la voluntad del que me envió: Que no pierda nada de todo lo que me dio, sino que lo resucite en el último día. Ésta es la voluntad de mi Padre: Que todo el que ve al Hijo, y cree en él tenga vida eterna y yo lo resucitaré en el último día. Está escrito en el Profeta que serán todos enseñados por Dios. Pues todo el que oye al Padre y aprende de Él, viene a mí: no porque alguien haya visto al Padre, sino el que es de Dios, éste es el que ha visto al Padre. En verdad, en verdad os digo: El que cree en mí, tendrá vida eterna. Yo soy el pan de la vida. Vuestros padres comieron el maná en el desierto y murieron. Éste es el pan bajado del cielo para que el que coma de él no muera. Yo soy el pan de la vida que bajé del cielo. Y el que coma de este pan vivirá eternamente y el pan que yo daré es mi cuerpo que entregaré para la vida del mundo».

ALGUNOS OYENTES SE ESCANDALIZAN

Discutían, pues, los judíos unos con otros diciendo: «¿Cómo puede darnos su cuerpo para comer?» Jesús les dijo: «En verdad, en verdad os digo: Si no coméis el cuerpo del Hijo del hombre y bebéis su sangre no tendréis vida en vosotros. El que come mi cuerpo y bebe mi sangre tiene vida eterna y yo lo resucitaré en el último día. Mi cuerpo es verdadera comida y mi sangre es verdadera bebida: el que come mi cuerpo y bebe mi sangre permanece en mí y yo en él. Como me envió el Padre que vive, también yo vivo por el Padre: y el que me coma también él vivirá por mí. Éste es el pan bajado del cielo: pero no del mismo modo que vuestros padres comieron el maná y murieron. El que come de este pan vivirá eternamente». Esto dijo en la sinagoga cuando enseñaba en Cafarnaún. Y muchos de sus discípulos, al oír esto, dijeron: «Verdaderamente este lenguaje es duro, ¿quién lo puede oír?»

CAPÍTULO XX

LO QUE SALE DEL CORAZÓN MANCHA AL HOMBRE

¿A QUIÉN IREMOS? TÚ TIENES PALABRAS DE VIDA ETERNA

Sabiendo Jesús en su interior que murmuraban de esto sus discípulos, les dijo: «¿Esto os escandaliza?, ¿y si vierais al Hijo de hombre subir al lugar donde estaba antes? El espíritu es el que da vida, el cuerpo no aprovecha nada: las palabras que os he dicho son espíritu y son vida. Pero algunos de vosotros no creen». Pues sabía de antemano Jesús quiénes no creían y quién le iba a entregar. Y les dijo: «Por esto os dije: Que nadie puede venir a mí si no le es concedido por el Padre».

Y por estas palabras muchos discípulos se echaron atrás y no andaban con Él. Dijo, pues, Jesús a los doce: «¿También vosotros queréis marcharos?» Respondió Simón Cefas y dijo: «Señor, ¿a quién iremos? Tú tienes palabras de vida eterna. Y nosotros hemos creído y hemos conocido que tú eres el Cristo, Hijo de Dios vivo». Les dijo Jesús: «¿No os elegí yo a los doce? Y uno de vosotros es el diablo». Esto lo dijo por Judas, hijo de Simón Iscariote, que siendo de los doce le iba a entregar.

UN FARISEO LE INVITA A COMER

Y cuando decía estas cosas, vino cierto fariseo y le rogó que comiera con él. Y entrando se sentó a la mesa. Y el fariseo, cuando lo vio, se quedó asombrado porque no se había purificado antes de la comida. Jesús le dijo: «Bien, vosotros los fariseos limpiáis por fuera la copa y el plato y pensáis que estáis limpios. Pero vuestro interior está lleno de injusticia e iniquidad. Insensatos, ¿el que hizo lo de fuera no hizo también lo de dentro? Dad, más bien, limosna de vuestros bienes y todo estará limpio para vosotros».

LAS PURIFICACIONES JUDÍAS

Y se acercaron a Él los fariseos y escribas que venían de Jerusalén. Y viendo que algunos de sus discípulos comían el pan sin lavarse las manos lo censuraban. Pues todos los judíos y fariseos no comen sin lavarse las manos frecuentemente, ateniéndose a la tradición de los mayores, y no comen lo comprado en el mercado si no lo lavan; y otras muchas cosas observan de las que han recibido, como el lavado de copas y medidas, y vasos de cobre y lechos; y le preguntaron los escribas y fariseos: «¿Por qué tus discípulos no observan las tradiciones de los mayores y comen el pan sin lavarse las manos?» Respondió Jesús y les dijo: «¿Y por qué vosotros transgredís los mandamientos de Dios por vuestra tradición? Dios dijo: «Honra a tu padre y a tu madre, y el que maldijere a su padre o a su madre será reo de muerte». Pero vosotros decís: «Si alguno dijere del padre o de la madre: declaro ofrenda todo aquello que reciban de mí», ya no le permitís hacer nada más por su padre o por su madre y hacéis nula y rechazáis la palabra de Dios por la tradición que transmitís y mandáis sobre ablución de vasos y medidas, y hacéis muchas cosas semejantes a éstas. Dejando, pues, el mandamiento de Dios os aferráis a la tradición de los hombres. ¿Hacéis bien abandonando el precepto de Dios para observar vuestra tradición? Hipócritas, bien profetizó de vosotros el profeta Isaías diciendo:

Este pueblo me honra con los labios;
pero su corazón está muy lejos de mí
y me temen vanamente,
enseñando los mandamientos de los hombres».

LAS RAÍCES DEL MAL

Y llamando Jesús a toda la multitud les dijo: «Oídme todos y entended. Nada hay fuera del hombre que entrando una y muchas veces dentro de él le pueda manchar, sino lo que procede de él: esto es lo que mancha al hombre. El que tenga oídos para oír que oiga». Entonces acercándose sus discípulos le dijeron: «¿Sabes que los Fariseos que han oído estas palabras se han indignado?» Respondió y les dijo: «Toda planta que no haya sido plantada por mi Padre, que está en los cielos, será arrancada, Dejadlos: pues ellos mismos, siendo ciegos, conducen a ciegos: si, pues, el ciego conduce al ciego ambos caen en la fosa».

LOS MALES QUE PROCEDEN DEL CORAZÓN

Y cuando Jesús, dejando a las gentes, entró en casa, Simón Cefos le rogó diciéndole: «Señor, explícanos esta parábola». Les dijo: «¿Tampoco vosotros comprendéis? ¿No comprendéis que todo lo que entra de fuera en el hombre no lo puede hacer impuro, porque no entra en su corazón, sino que va al estómago y de allí es arrojado fuera al excusado purgando toda la comida? Lo que procede de la boca del hombre, sale del corazón y esto es lo que mancha al hombre. De dentro del corazón del hombre proceden los malos pensamientos, los adulterios, fornicaciones, hurtos, los testimonios falsos, homicidios, injusticias, iniquidades, mentiras, palabras malas, blasfemias, soberbia, insensatez. Todos estos males proceden de dentro del corazón y éstos son los que manchan al hombre. Si alguien come sin lavarse las manos no queda manchado».

LA CANANEA. LOS PAGANOS SON HIJOS DE DIOS

Y marchando Jesús de allí, vino a la región de Tiro y Sidón y entrando en algunas casas no quería que nadie se enterase de Él; pero no pudo ocultarse. Pues en seguida oyó hablar de Él una mujer cananea, cuya hija tenía un espíritu inmundo. Y esta mujer era pagana, de Hemesa de Siria. Y yendo tras de Él gritaba diciendo: «Ten compasión de mí, Señor, Hijo de David: mi hija es atormentada gravísimamente por el demonio». Y no le respondió ni una palabra. Y acercándose los discípulos le rogaban, diciendo: «Despáchala porque grita detrás de nosotros». Respondió y les dijo: «No he sido enviado sino a las ovejas que perecieron de la casa de Israel». Y ella vino y le adoró, diciendo: «Señor, ayúdame, ten compasión de mí». Jesús le dijo: «No es bueno tomar el pan de los hijos y echarlo a los perros». Y ella dijo: «Sí, Señor; pero los perros también comen de las migas que caen de las mesas de sus señores y viven». Entonces le dijo Jesús: «¡Oh mujer, grande es tu fe!, que te suceda como quieres. Vete, por esta palabra ha salido el demonio de tu hija». Y quedó curada su hija en aquella hora. Y aquella mujer se marchó a su casa y encontró a su hija sentada sobre el lecho y el demonio había salido de ella.

CAPÍTULO XXI

EL AGUA QUE BROTA PARA LA VIDA ETERNA

EL HOMBRE SORDOMUDO

Y dejando Jesús otra vez la región de Tiro y de Sidón, vino a los confines del mar de Galilea por la Decápolis. Y le trajeron un hombre sordo y mudo y le pidieron que le impusiera las manos para curarlo. Y sacándolo de entre la gente se marchó solo y mojando en saliva sus dedos los metió en sus oídos y tocó su lengua y mirando al cielo suspiró y dijo: «Abríos». Y en aquel momento se abrieron sus oídos y se soltó el lazo de su lengua; y hablaba perfectamente. Y Jesús les amonestó mucho que no se lo dijeran a nadie. Y todas las cosas que Él les prohibía ellos las publicaban más; y se admiraban mucho diciendo: «Este hace bien todas las cosas; y ha hecho oír a los sordos y hablar a los mudos».

CONVERSACIÓN CON LA SAMARITANA

Y pasando por la tierra de Samaria vino a la ciudad de los samaritanos que se llama Sicar, cerca de la heredad que dio Jacob a su hijo José. Y allí estaba el pozo de Jacob; y Jesús, fatigado del camino, se sentó junto al pozo. Era como la hora de sexta. Y vino una mujer de Samaria a sacar agua. Le dijo Jesús: Dame agua para beber[22].

---

[22] Taciano añade la palabra **agua**, que nada tiene que ver con sus ideas encratitas.

Pero los discípulos habían entrado en la ciudad para comprarse comida. Así, pues, aquella mujer Samaritana le dijo: «¿Cómo tú, siendo judío, me pides que te dé de beber a mí, que soy mujer samaritana?», pues los judíos no se tratan con los samaritanos. Respondió Jesús y le dijo: «Si conocieras el don de Dios y quién es el que te dice: Dame de beber, tú le pedirías a él y él te daría agua viva». La mujer le dijo: «Señor, no tienes cubo y el pozo es profundo, ¿de dónde tienes esa agua de vida? ¿Eres tú acaso mayor que nuestro padre Jacob que nos dio este pozo y él mismo bebió de él, y sus hijos y sus ganados?»

Respondió Jesús y le dijo: «Todo el que bebe de esta agua volverá a tener sed; pero todo el que beba del agua que yo le daré no tendrá sed eternamente; sino que el agua que yo le daré se hará en él una fuente de agua que brote para la vida eterna». Le dijo la mujer: «Señor, dame de esta agua para que no tenga más sed ni venga aquí a sacarla». Le dijo Jesús: «Anda, llama a tu marido y ven aquí». Le dijo: «No tengo marido». Le dijo Jesús: «Bien has dicho que no tienes marido, cinco has tenido y el que ahora tienes no es tu marido. En esto has dicho verdad». Aquella mujer le dijo: «Señor, veo que eres un profeta. Nuestros padres adoraron en ese monte y vosotros decís que es Jerusalén el lugar donde conviene adorar». Le dijo Jesús: «Oh mujer, créeme, que vendrá la hora cuando ni en este monte ni en Jerusalén adoraréis al Padre. Vosotros adoráis lo que no conocéis: nosotros adoramos lo que conocemos porque la salvación viene de los judíos. Pero vendrá el día y es ahora cuando los verdaderos adoradores adorarán al Padre en espíritu y en verdad. Pues el Padre busca tales adoradores, ya que Dios es Espíritu y aquellos que le adoran conviene que le adoren en espíritu y en verdad». Le dijo aquella mujer: «Sé que el Mesías vendrá; y cuando él venga nos enseñará todas las cosas». Le dijo Jesús: «Soy yo, que hablo contigo».

LOS SAMARITANOS CREEN EN JESÚS

Y cuando Él estaba hablando vinieron sus discípulos y se quedaron asombrados de que hablara con una mujer. Pero ninguno le dijo: «¿Qué quieres?, o ¿por qué hablas con ella?» Y la mujer dejó su cántaro, y fue a la ciudad y dijo a los hombres: Venid y ved a un hombre que me ha dicho todas las cosas que he hecho. ¿No es éste el Mesías? Y algunos salieron de la ciudad y vinieron a Él. Mientras tanto sus discípulos le rogaban diciendo: «Maestro, come». Pero Él les dijo: «Tengo para comer una comida que vosotros no conocéis». Y se decían los discípulos unos a otros: «¿Acaso alguien le trajo de comer?» Jesús les dijo: «Mi comida es hacer la voluntad del que me envió y llevar a cabo su obra. ¿No decís vosotros: dentro de cuatro meses llegará la siega? He aquí que yo os digo ya: Levantad vuestros ojos y ved los campos que ya están blancos, pues la cosecha viene adelantada. Y el que recoge recibe su merced y recoge el fruto de la vida eterna y se alegran juntos el que siembra y el que siega. Pues en esto es verdadero el proverbio: Que uno es el que siembra y otro es el que siega. Yo os envié a vosotros a recoger lo que vosotros no habíais trabajado: otros trabajaron y vosotros os habéis metido en sus labores».

Y de aquella ciudad muchos de los samaritanos creyeron en Él por la palabra de aquella mujer que dio testimonio diciendo: «Porque me ha dicho todo lo que he hecho». Y cuando vinieron a Él los samaritanos le rogaron que se quedase con ellos. Y se quedó con ellos dos días. Y muchos creyeron en Él por sus palabras. Y le decían a la mujer: «Ahora no creemos en Él por tus palabras: nosotros mismos hemos oído y creído que éste es verdaderamente el Mesías, Salvador del mundo».

Después de dos días partió de allí Jesús y marchó a Galilea. Jesús mismo había dicho que el Profeta no es honrado en su patria. Pero cuando llegó a Galilea, los galileos lo recibieron bien.

CAPÍTULO XXII

DE GALILEA SUBIÓ A JERUSALÉN

CURACIÓN DE UN LEPROSO

Y cuando Jesús llegó a ciertas ciudades se le acercó un leproso y arrojándose a sus pies le rogaba diciendo: «Si quieres puedes curarme». Y Jesús se compadeció de él, extendió su mano y tocándolo, dijo: «Quiero que te cures». E inmediatamente desapareció de él la lepra y fue curado. Y le ordenó severamente y lo despidió y le dijo: «Mira, no se lo digas a nadie, pero vete, preséntate a los sacerdotes y ofrece la oblación como testimonio para ellos, según mandó Moisés». Mas él, cuando se marchó, comenzó a divulgarlo y a extender la noticia, de forma que Jesús no podía entrar públicamente en alguna de las ciudades, porque se había extendido mucho su fama y se quedaba fuera en lugares solitarios. Y venía a Él de muchos lugares mucha gente para escuchar su palabra y ser curados de sus enfermedades. Y se separó de ellos a un lugar solitario y oraba.

EN LA PISCINA DE BEZATÁ

Después de estas cosas era la fiesta de los judíos y Jesús subió a Jerusalén. Y había en Jerusalén un lugar preparado para los baños que se llama en hebreo Betharrahmat[23], que tenía cinco pórticos. En éstos había un gran número de enfermos, ciegos, cojos y paralíticos esperando el movimiento del agua. Y el ángel descendía de vez en cuando al lugar de los baños y movía el agua. Y el primero que descendía después del movimiento del agua se curaba de todas las enfermedades que tuviera. Había allí un cierto hombre que padecía de una enfermedad desde hacía treinta y ocho años. Cuando Jesús vio a éste en el suelo y se enteró de que llevaba mucho tiempo, le dijo: «¿Quieres ser curado?» Respondiendo aquel enfermo, dijo: «Sí, Señor. No tengo a nadie que cuando sea movida el agua me meta en el baño; cuando yo vengo, otro se me ha adelantado y desciende». Le dijo Jesús: «Levántate, toma tu camilla y anda». E inmediatamente quedó sano aquel hombre y levantándose tomó su camilla y echó a andar.

LOS JUDÍOS Y EL SÁBADO

Pero era sábado aquel día. Y cuando vieron los judíos al que había sido curado, le dijeron: «Es sábado y no te es lícito llevar tu camilla». Respondió y les dijo: «El que me ha curado me ha dicho: Toma tu camilla y anda». Y le preguntaron: «¿Quién es ese hombre que te dijo: Toma tu camilla y anda?» Pues el que había sido curado no sabía quién era, porque Jesús se marchó de aquel lugar a otro por la abundancia de gentes que había allí. Y después de dos días lo encontró Jesús en el templo y le dijo: «Mira, estás curado: no peques más no te suceda algo peor». Se marchó aquel hombre y dijo a los judíos que había sido Jesús quien le había curado. Por esto perseguían los judíos a Jesús y querían matarlo, porque hacía estas cosas en sábado. Pero Jesús les dijo: «Mi Padre trabaja hasta ahora y yo también trabajo».

---

[23] Eran los baños para las purificaciones de los judíos. Betharramat en árabe significa *casa de misericordia*.

Y por esto principalmente pretendían matarle los judíos, no sólo porque no cumplía el sábado, sino también porque a su Padre le decía Dios y se hacía igual a Dios. Respondió Jesús y les dijo: «En verdad, en verdad os digo: El Hijo no puede hace nada por sí mismo, sino lo que vea hacer al Padre esto es lo que hace igualmente el Hijo. El Padre, ama a su Hijo y le muestra todas las cosas que Él hace y aún le mostrará obras mayores que éstas para asombro vuestro. Pues de la misma manera que el Padre resucita a los muertos y les da vida, así el Hijo da la vida a los que quiere. Porque el Padre no juzga a nadie, sino que ha dado todo el juicio al Hijo para que todos honren al Hijo, como honran al Padre: el que no honra al Hijo no honra al Padre que lo envió. En verdad, en verdad os digo: El que oye mis palabras y cree al que me envió tiene vida eterna y no caerá en el juicio, sino que pasará de la muerte a la vida. En verdad, en verdad os digo: Vendrá la hora y es ahora, cuando los muertos oirán la voz del Hijo de Dios, y los que oigan vivirán. Pues como el Padre tiene la vida en sí mismo, así concedió también al Hijo tener la vida en sí mismo, y la potestad de juzgar porque es el Hijo del hombre. No os maraville esto: a saber, la llegada de la hora en la que todos los que están en las tumbas oirán su voz y los que hicieron el bien irán a la resurrección de la vida, pero los que hicieron el mal a la resurrección del juicio».

EL PADRE DA TESTIMONIO DE MÍ

«Yo no puedo hacer nada por mí mismo, sino que juzgo lo que oigo y mi juicio es justo. No busco mi voluntad, sino la voluntad del que me envió. Dando yo testimonio de mí mismo, mi testimonio no es verdadero. Otro es el que da testimonio de mí y sé que el testimonio que da de mí es verdadero. Vosotros enviasteis legados a Juan y dio testimonio de la verdad. Pero yo no busco testimonio de hombre, sino que digo esto para que os salvéis. Él era una lámpara que ardía y brillaba. Y vosotros en seguida quisisteis gloriaros en su luz. Pero yo tengo un testimonio mayor que el de Juan. Las obras que me dio mi Padre para que las lleve a cabo, las mismas obras que yo hago dan testimonio de mí, porque el Padre me envió; y el Padre que me envió, él mismo da testimonio de mí; y nunca habéis oído su voz, ni habéis visto su rostro. Y su palabra no se afianza en vosotros porque al que él envió, a éste no le creéis.

»Examinad las escrituras en las que vosotros os gloriáis de tener la vida eterna, pues ellas son las que dan testimonio de mí; y no queréis venir a mí para que tengáis vida eterna. No busco la gloria de los hombres. Pero os conozco y el amor de Dios no está en vosotros. Yo vine en el nombre de mi Padre y no me recibís; pero si otro viniera en su nombre a él le recibiríais. ¿Cómo podéis creer vosotros que recibís gloria unos de otros y no buscáis la gloria que viene del Dios único? ¿Acaso pensáis que yo os voy a acusar ante el Padre? El que os acusa es Moisés en el cual os gloriáis. Si creyerais a Moisés, me creeríais también a mí; Moisés escribió de mí; pero si no creéis a sus escritos, ¿cómo creeréis a mis palabras?»

CAPÍTULO XXIII

EL MESÍAS, EL HIJO DE DIOS VIVO

VUELVE A GALILEA

Y marchando Jesús de allí vino a la orilla del mar de Galilea y subiendo al monte se sentó allí. Y se acercaron a él muchas gentes que tenían consigo cojos, ciegos, mudos, paralíticos y otros muchos y los pusieron a los pies de Jesús; porque habían visto todos los signos que había hecho en Jerusalén, cuando fueron a la fiesta, y los sanó a todos. Y aquellas gentes quedaron asombradas viendo hablar a los mudos, a los paralíticos sanados, andar a los cojos, ver a los ciegos; y daban gloria al Dios de Israel.

SEGUNDA MULTIPLICACIÓN DE LOS PANES

Pero Jesús, reuniendo a sus discípulos, les dijo: «Me dan lástima estas gentes porque hace ya tres días que andan conmigo y no tienen qué comer y no quiero despedirlos en ayunas, no sea que desfallezcan en el camino, pues muchos de ellos vinieron de lejos». Le dijeron sus discípulos: «¿De dónde sacamos pan en este lugar solitario para saturar a toda esta multitud?» Les dijo Jesús: «¿Cuántos panes tenéis?» Le dijeron: «Siete y unos pececillos». Y mandó a las gentes que se sentaran sobre la tierra. Y tomando los siete panes y los peces los bendijo, los partió y los dio a sus discípulos para que los colocaran delante de ellos; y los discípulos los pusieron delante de las gentes. Y comieron todos y se saciaron. Y recogieron siete espuertas llenas de los fragmentos que habían sobrado. Y los que comieron eran cuatro mil hombres, exceptuados mujeres y niños. Y despidiendo a las gentes, se metió en una barca y vino a los alrededores de Magheda[24].

EL FERMENTO DE LOS FARISEOS Y SADUCEOS

Y se acercaron a Él los fariseos y saduceos y comenzaron a discutir con Él, pretendiendo que les mostrase un signo del cielo, para tentarle. Y Jesús, suspirando dentro de sí mismo, dijo: «¿Qué signo quiere esta generación mala y adúltera? Busca un signo, pero no se le dará otro que el signo del profeta Jonás. En verdad, en verdad os digo: No se le dará signo a esta generación». Y dejándolos se subió a la barca y se fueron a la otra orilla del mar.

Y se habían olvidado sus discípulos de llevar consigo pan, pues no había con ellos en la barca ni un pan. Y Jesús les advirtió diciendo: «Mirad, cuidaos del fermento de los fariseos y saduceos y del fermento de Herodes». Y ellos pensaron dentro de sí mismos que no habían llevado pan. Pero Jesús se dio cuenta y les dijo: «¿Qué pensáis en vuestro interior, hombres de poca fe, y estáis preocupados de que no tenéis pan?, ¿aún no conocéis ni entendéis?, ¿tan duro es vuestro corazón?, ¿teniendo ojos no veis?, ¿y teniendo oídos no oís?, ¿no recordáis cuando partí cinco panes para cinco mil?: ¿cuántos cestos llenos de fragmentos recogisteis? Dijeron: «Doce». Les dijo: «Y también siete para cuatro mil: ¿cuántas espuertas llenas de fragmentos recogisteis?» Dijeron: «Siete». Les dijo: «¿Cómo no entendíais que no os hablaba de pan, sino que os cuidéis del fermento de los fariseos y saduceos?» Entonces entendieron que no les había

---

[24] La Biblia de Jerusalén escribe Magadán; en la Peshitta viene el nombre árabe de Magadu.

dicho que se cuidaran del fermento del pan, sino de la doctrina de los fariseos y saduceos que llamó pan.

EL CIEGO DE BETSAIDA

Después de esto vino a Betsaida y le llevaron a cierto ciego y le rogaron que lo tocara. Y tomándolo de la mano, lo sacó fuera de la aldea y escupiendo en sus ojos le impuso su mano y le preguntó: «¿Qué ves?» «Veo a los hombres como árboles andando». Y de nuevo le impuso la mano sobre los ojos y quedaron restaurados y veía todo claramente. Y lo envió a su casa diciendo: «No entres ni en el pueblo, ni se lo cuentes a nadie en él».

JESÚS SE REVELA A SUS DISCÍPULOS

Y salió Jesús con sus discípulos hacia Cesarea de Filipo, y cuando iban andando por el camino Él y sus discípulos solos, les preguntó a sus discípulos diciendo: «¿Qué dicen los hombres de mí, que soy el Hijo del hombre?» Le dijeron: «Unos dicen que Juan el Bautista; y otros Elías; pero otros que Jeremías o uno de los Profetas». Les dijo: «Pero vosotros, ¿quién decís que soy yo?» Respondiendo Simón Cefas, dijo: «Tú eres el Mesías, el Hijo de Dios vivo». Respondiendo Jesús, le dijo: «Bienaventurado eres Simón, hijo de Jonás; la carne y la sangre no te lo han revelado, sino mi Padre que está en el cielo. Y yo te digo a ti, tú eres Piedra y sobre esta piedra edificaré mi Iglesia y las puertas del infierno no la someterán. Te daré las llaves del reino de los cielos. Y cuanto desates en la tierra, será atado en el cielo; y cuanto desates en la tierra, será desatado en el cielo».

Y mandó y advirtió a sus discípulos que no dijeran a nadie de Él que era el Mesías. Y desde entonces comenzó Jesús a manifestar a sus discípulos que le convenía subir a Jerusalén y padecer mucho, y ser reprobado por los ancianos y por los jefes de los sacerdotes y escribas, y ser matado y resucitar al tercer día. Y hablaba con palabras claras. Pero Simón Cefas, como teniéndole compasión, dijo: «Lejos esto de ti, Señor». Él, volviéndose y mirando a sus discípulos, reprendió a Simón diciendo: «Fuera de mí, Satanás. Eres para mí un obstáculo, porque no piensas en las cosas que pertenecen a Dios, sino en las que pertenecen a los hombres».

CONDICIONES PARA SEGUIRLE

Y convocando a las gentes con sus discípulos, les dijo: «El que quiera venir detrás de mí que se niegue a sí mismo y tome su cruz cada día y me siga. Y todo el que quiera salvar su alma, la perderá; pero todo el que pierda su alma por mí y por mi Evangelio, la salvará. ¿Qué aprovecha a un hombre si adquiere todo el mundo, pero pierde su alma o la destruye? ¿O qué dará el hombre a cambio de su alma? Todo el que me niegue a mí y a mis palabras en esa generación pecadora y adúltera, también el Hijo del hombre le negará a él, cuando venga en la gloria de su Padre con los santos ángeles. Pues el Hijo del hombre vendrá en la gloria de su Padre con sus santos ángeles y entonces dará a cada uno según sus obras».

CAPÍTULO XXIV

ÉSTE ES MI HIJO AMADO: ESCUCHADLE

LA TRANSFIGURACIÓN

Y les dijo: «En verdad os digo: Hay algunos aquí presentes que no gustarán la muerte hasta que vean el reino de Dios viniendo con fuerza y al Hijo del hombre viniendo en su reino». Y después de seis días, tomó Jesús a Simón Cefas, a Santiago y a Juan su hermano, y los llevó a un monte alto aparte. Y cuando estaban orando, Jesús se transfiguró y se convirtió en una especie de otra persona; y su cara resplandecía como el sol, y su vestido se puso blanco en exceso como la nieve y como el resplandor del rayo, de tal manera que nada sobre la tierra puede ponerse tan blanco. Y se le aparecieron Moisés y Elías hablando con Jesús. Y pensaban que el tiempo de su venida futura, que se cumpliría en Jerusalén, había llegado.

Simón, pues, y los que estaban con Él, estaban cargados de sueño. Y apenas despertados, vieron su gloria y dos varones que estaban ante Él. Y cuando comenzaron a separarse de Él, Simón dijo a Jesús: «Maestro, es bueno que nos quedemos aquí; si quieres, hagamos aquí tres tiendas, una para ti, otra para Moisés y otra para Elías»; no sabía qué decía por el temor que se había apoderado de ellos. Todavía estaba diciendo esto y en seguida una brillante nube los cubrió; y cuando vieron a Moisés y a Elías entrando en la nube temieron otra vez. Y se oyó una voz de la nube diciendo: «Éste es mi Hijo amado a quien he elegido:

escuchadle». Y cuando se oyó esta voz se encontró Jesús solo. Y al oír la voz los discípulos, por el temor que se había apoderado de ellos, cayeron de bruces. Y se acercó Jesús y los tocó y dijo: «Levantaos, no temáis». Y levantando sus ojos, vieron a Jesús solo tal como era[25].

JESÚS HABLA DE SU RESURRECCIÓN

Y cuando descendían del monte, Jesús les ordenó y les dijo: «No digáis a nadie lo que habéis visto hasta que el Hijo del hombre resucite de entre los muertos». Y guardaron la palabra dentro de sí mismos y a nadie dijeron en aquellos días lo que habían visto; y pensaban en sus adentros: ¿Qué significa esta palabra que nos dijo: cuando resucite de entre los muertos? Y le preguntaron sus discípulos diciendo: «¿Qué significa, pues, lo que dicen los escribas: Que conviene que Elías venga primero?» Les dijo: «Elías vendrá primero para poner todas las cosas en orden, como está escrito del Hijo del hombre, que sufra muchas cosas y sea reprobado. Pero os digo: Elías ha venido y ellos no le conocieron y le hicieron todo lo que quisieron, como está escrito de él. Así va a padecer el Hijo del hombre por ellos». Entonces entendieron los discípulos que les había hablado de Juan el Bautista.

HERODES LO QUIERE MATAR

Y el día que descendieron del monte, se le presentó una gran muchedumbre de hombres, que estaba con sus discípulos, y los escribas discutían con ellos. Y viendo los hombres a Jesús se echaron atrás y en medio de la alegría corrieron y le saludaron.

---

[25] Taciano añade **tal como era**. Probablemente tomó esto de la primera carta de San Juan 3, 2, que ya conocía.

El mismo día se acercaron algunos fariseos diciéndole: «Sal y marcha de aquí, porque Herodes quiere matarte». Les dijo Jesús: «Id y decid a ese zorro: Mira, expulso demonios y llevo a cabo curaciones hoy y mañana y el tercer día consumaré. Por eso me conviene tener cuidado hoy y mañana y marchar al día siguiente, porque un Profeta no puede perecer fuera de Jerusalén».

CURACIÓN DE UN EPILÉPTICO

Y después de esto se acercó a Él un hombre de la multitud y arrodillándose le dijo: «Te suplico, mira a mi hijo, que es mi unigénito, pues se apodera inesperadamente un espíritu de él, se hace lunático[26] y está mal y dondequiera se adueña de él, le derriba, le hace echar espumarajos, y rechina con los dientes y se estremece; y muchas veces lo arroja al agua y al fuego para destruirlo y sólo se aparta de él después de haberlo quebrantado. Y lo presenté a tus discípulos y no han podido curarlo». Respondiendo Jesús dijo: «¡Oh generación incrédula y perversa! ¿Hasta cuándo estaré con vosotros?, y ¿hasta cuándo os sufriré? Trae tu hijo aquí». Y se lo llevaron. Y cuando lo vio, inmediatamente el espíritu lo agitó, y cayendo a tierra, se revolcaba y echaba espumarajos. Y Jesús preguntó a su padre: «¿Cuánto tiempo hace que le ocurre esto?» Le dijo: «Desde la infancia y hasta ahora: pero en lo que puedas, Señor, ayúdame, ten compasión de mí». Le dijo Jesús: «Si puedes creer, todo es posible al creyente». E inmediatamente, llorando, el padre del muchacho exclamó diciendo: «Creo, Señor, ayuda mi falta de fe». Viendo Jesús el concurso de hombres y que se agolpaban a la vez, increpó al espíritu inmundo diciéndole: «Espíritu sordo y mudo, yo te lo mando, sal de él y no vuelvas a entrar en él». Y gritando mucho el espíritu de Satanás, y

---

[26] El demonio de los lunáticos en siríaco es **hijo del tejado**.

agitándolo, salió; y el muchacho cayó como muerto; y muchos creían que estaba muerto. Pero Jesús, tomándole con la mano, lo levantó y lo entregó a su padre; y el muchacho quedó curado desde aquella hora. Todos quedaron asombrados ante la grandeza de Dios.

IMPORTANCIA DE LA FE

Y cuando entró Jesús en casa se le acercaron sus discípulos y, preguntándose entre ellos y preguntándole a Él, le dijeron: «¿Por qué no pudimos nosotros curarlo?» Les dijo Jesús: «Por vuestra falta de fe. En verdad os digo: Si tuvierais fe como un grano de mostaza, diríais a este monte: Quítate de aquí, y se quitará y nada se os opondrá. Pero esta clase con nada puede ser expulsada sino con oración y ayuno».

AL TERCER DÍA RESUCITARÁ

Y marchando de allí recorrían la Galilea; no quería que nadie lo supiese. Pues enseñaba a sus discípulos y les decía: «Guardad en vuestros oídos y en vuestros corazones estas palabras; pues el Hijo del hombre será entregado en las manos de los hombres y lo matarán, y cuando sea matado, al tercer día resucitará». Pero ellos no comprendían estas palabras que les decía, porque les estaban veladas para que no las entendieran; y tenían miedo de preguntar sobre estas cosas. Y se entristecieron mucho.

CAPÍTULO XXV

REGRESA A LOS BORDES DE JUDEA

JESÚS PAGA EL TRIBUTO DEL TEMPLO

En aquel día se suscitó esta discusión entre los discípulos, pues decían: ¿Quién de ellos sería el mayor? Y cuando llegaron a Cafarnaún y entraron en la casa, les dijo Jesús: «¿Qué discutíais entre vosotros por el camino?» Y se callaron porque habían discutido esto.

Y saliendo Simón afuera se acercaron a Cefas los que cobraban el tributo del didracma y le dijeron: «¿Vuestro Maestro no paga el didracma?» Les dijo: «También». Y cuando Cefas entró en la casa, Jesús se le anticipó, diciéndole: «¿Qué te parece a ti, Simón? ¿Los reyes de la tierra de quiénes reciben los impuestos y tributos, de los hijos o de los extraños?» Le dijo Simón: «De los extraños». Le dijo Jesús: «Luego los hijos están libres». Le dijo Simón: «Sí». Le dijo Jesús: «Dales tú también como el extraño. Pero para que no se escandalicen, vete al mar, y echa el anzuelo, y abriendo la boca del pez que caiga primero, encontrarás un estáter. Tómalo y da por mí y por ti».

EL MÁS GRANDE EN EL REINO DE LOS CIELOS

En aquella hora se acercaron los discípulos a Jesús y le dijeron: «¿Quién piensas tú que es el más grande en el reino de los cielos?» Pero Jesús, conociendo los pensamientos de su corazón, llamó a un niño y lo colocó en medio, y tomándolo en sus brazos, les dijo: «En verdad os digo: si no os convertís y os hacéis como niños, no entraréis en el reino de los cielos. Todo el que reciba en mi nombre a un niño como éste, me recibe a mí, y el que me recibe a mí, no me recibe a mí, sino al que me envió. Pues el que es menor entre todos vosotros éste es el mayor. Y el que escandalizare a uno de estos pequeñuelos que creen en mí, le sería mejor, que le ataran una piedra de los asnos al cuello y fuera sumergido en lo profundo del mar».

EL QUE NO ESTÁ CONTRA VOSOTROS ESTÁ CON VOSOTROS

Respondiendo Juan dijo: «Maestro, hemos visto a uno arrojando demonios en tu nombre y se lo hemos prohibido, porque no te sigue con nosotros». Les dijo Jesús: «No se lo prohibáis, pues no hay nadie que haga prodigios en mi nombre y pueda al instante hablar mal de mí; todo el que no está contra vosotros está con vosotros. ¡Ay del mundo por los escándalos! Y ¡ay de aquel hombre por quien viene el escándalo! Si tu mano o tu pie te escandaliza, córtatelo y arrójalo fuera de ti: pues te es mejor entrar en la vida cojo o manco que teniendo dos manos o dos pies ir al horno de fuego eternamente, donde su gusano no se muere, y su fuego no se extingue. Y si tu ojo te escandaliza, sácalo y échalo fuera de ti: pues te es mejor entrar en el reino de Dios con un ojo que teniendo dos ojos caer en el fuego de la gehenna, donde su gusano no muere y su fuego no se extingue. Todo será salado con el fuego, y todo sacrificio será salado con sal. La sal es óptima: pero si la sal se vuelve insípida ¿con qué se salará? Ni a la tierra ni al estiércol es útil, sino que se arroja fuera. El que tenga oídos para oír que oiga. Haya en vosotros sal, y la paz esté entre vosotros».

INDISOLUBILIDAD DEL MATRIMONIO

Y levantándose de allí vino a los bordes de Judea más allá del Jordán; y llegaron hasta Él muchas gentes y las curó y les enseñaba otra vez, según su costumbre. Y se acercaron a Él los fariseos tentándole y preguntándole: «¿No es lícito a un hombre repudiar a su mujer?» Dijo: «¿Qué os mandó Moisés?» Dijeron: «Moisés nos permitió que si alguien quiere, escriba el libelo de repudio y despida a su mujer». Respondió Jesús y les dijo: «¿No habéis leído esto: el que los hizo al principio los hizo hombre y mujer?» Y dijo: «Por esto dejará el hombre a su padre y a su madre y se unirá a su mujer y serán los dos un solo cuerpo; por tanto ya no son dos, sino un cuerpo. Luego lo que Dios unió, no lo separe el hombre».

Le dijeron los fariseos: «¿Por qué Moisés consintió que se diera el libelo de repudio y fuera despedida?» Les dijo Jesús: «Moisés os permitió repudiar a vuestras mujeres por la dureza de vuestro corazón; pero al principio no fue así. Os digo: El que repudie a su mujer, sin fornicación, y se case con otra, la expone al adulterio». Y entrando en casa, sus discípulos le preguntaron de nuevo sobre esto. Y les dijo: «El que repudie a su mujer y se case con otra la expone al adulterio. Y si la mujer repudia a su marido y se casa con otro comete adulterio: y el que se casa con la repudiada comete adulterio». Le dijeron sus discípulos: «Si tal es la culpa entre el varón y la mujer no conviene al hombre casarse». Les dijo: «No todos entienden esta palabra, sino aquél al que se le ha concedido. Hay eunucos que nacieron así del vientre de su madre; y hay eunucos que han sido hechos por los hombres; y hay eunucos que se hicieron a sí mismos eunucos por el reino de los cielos. Al que le agradare que le agrade»

JESÚS BENDICE A LOS NIÑOS

Entonces le trajeron niños para que les impusiera las manos y orara. Pero los discípulos regañaban a los que los traían.

Viendo esto Jesús, lo llevó a mal y les dijo: «Dejad que los niños vengan a mí, y no se lo prohibáis, pues de ellos es el reino de Dios. En verdad os digo: El que no reciba el reino de Dios como este niño, no entrará en él». Y tomándolos en sus brazos e imponiendo las manos sobre ellos, los bendijo.

CAPÍTULO XXVI

EL DIOS DE LA MISERICORDIA

LA OVEJA Y LA DRACMA PERDIDAS

Se acercaron a Él los publicanos y pecadores para oír su palabra. Y murmuraban los escribas y fariseos, diciendo: «Este hombre recibe a los pecadores y come con ellos». Y Jesús, conociendo su murmuración, les dijo esta parábola: «¿Qué hombre de vosotros, que tiene cien ovejas, si pierde una de ellas, no deja las noventa y nueve en el desierto y va y busca a la extraviada hasta que la encuentra? En verdad os digo: Cuando la encuentra se regocija por ella más que por las noventa y nueve que no se extraviaron; y la pone sobre sus hombros y llegando a casa convoca a sus amigos y vecinos y les dice: «Felicitadme porque he encontrado la oveja que se había perdido». Así tampoco vuestro Padre que está en el cielo no quiere que se pierda ni uno de estos pequeños, a los que después del pecado llama a la penitencia. Os digo: Así habrá alegría en el cielo por un pecador que haga penitencia más que por noventa y nueve justos que no necesitan penitencia.

»¿Y qué mujer que tiene diez dracmas y pierde una de ellas no enciende una lámpara, y barre la casa, y la busca cuidadosamente hasta que la encuentra? Y cuando la encuentra convoca a las amigas y a las vecinas diciéndoles: «Felicitadme porque he encontrado la dracma que había perdido». Os digo: Así habrá más alegría delante de los ángeles de Dios por un pecador que haga penitencia, que por noventa y nueve justos que no la necesitan».

EL HIJO PRÓDIGO

Y les dijo también otra parábola: «Un hombre tenía dos hijos y le dijo el más joven: «Padre, dame la parte que me corresponde de tus bienes». Y les repartió sus bienes. Y después de unos pocos días el hijo más joven, reunidas todas sus pertenencias, marchó lejos a una región remota y allí malgastó sus bienes viviendo libertinamente. Y cuando gastó todo sobrevino un gran hambre en aquella región, y reducido a necesidad, se marchó y se juntó con uno de los ciudadanos de aquella región. Y él lo envió al campo a apacentar cerdos. Y ansiaba llenar su vientre de las algarrobas que comían los cerdos, y nadie se las daba. Y vuelto en sí mismo dijo: «¡Cuántos mercenarios tienen ahora pan abundante en casa de mi padre: y yo aquí perezco de hambre! Me levantaré e iré a casa de mi padre y le diré: Padre mío, he pecado contra el cielo y contra ti, ya no soy digno de ser llamado hijo tuyo; trátame como a uno de tus mercenarios».

»Y levantándose vino a su padre. Y cuando estaba todavía lejos su padre lo vio y tuvo compasión de él, y corriendo se abrazó a su cuello y lo besó. Y el hijo le dijo: «Padre mío, he pecado contra el cielo y contra ti, y no soy digno de ser hijo tuyo». Dijo su padre a los criados: «Traed el mejor vestido y vestidlo, y poned el anillo en su mano y vestid con sandalias sus, pies, y traed el becerro cebado y matadlo para que comamos y disfrutemos, pues este hijo mío estaba muerto y vive; se había perdido y ha sido encontrado». Y comenzaron el banquete. Pero su hijo mayor estaba en el campo y cuando vino y se acercó a casa, oyó el sonido del canto de muchos; y llamó a uno de los muchachos y le preguntó: «¿Qué es esto?» Le dijo: «Ha venido tu hermano y tu padre ha matado el becerro cebado porque lo ha recobrado sano». Y se indignó y no quería entrar. Pero saliendo su padre le rogó que entrara. Y él dijo a su padre: «Hace que te sirvo tantos años como esclavo, y nunca he transgredido un mandamiento tuyo, y nunca me has dado un cabrito para comerlo con mis amigos: y después que ha venido ese hijo tuyo, que ha dilapidado tus bienes con meretrices, le has matado el becerro cebado». Le dijo su padre: «Hijo mío, tú siempre estás conmigo, y todas mis cosas son tuyas; convenía, pues, alegrarse y celebrar un banquete porque tu hermano estaba muerto y está vivo, estaba perdido y ha sido encontrado"».

EL BUEN USO DE LAS RIQUEZAS

Y dijo una parábola a sus discípulos: «Había un cierto rico, y tenía un administrador del cual le fue denunciado que malbarataba sus bienes. Y le llamó su señor y le dijo: «¿Qué es esto que oigo de ti? Dame razón de tu administración, pues ya no podrás ser administrador mío». Se dijo para sus adentros aquel administrador: «Qué haré cuando mi señor me quite la administración: no valgo para cavar, mendigar me da vergüenza. Ya sé qué haré para que cuando sea retirado de la administración me reciban en sus casas».

»Reunidos, pues, cada uno de los deudores de su señor dijo al primero: «¿Cuánto debes a mi señor?» Le dijo: «Cien medidas de aceite». Le dijo: «Toma tu recibo, siéntate y escribe en seguida: Cincuenta medidas». Y a otro dijo: «Tú, en verdad, ¿cuánto debes a mi señor?» Le dijo: «Cien cargas de trigo». Le dijo: «Toma tus letras, siéntate y escribe: Ochenta cargas». Y el señor alabó al administrador injusto porque había hecho una sabia obra; pues los hijos de este mundo son más sagaces que los hijos de la luz en su generación».

«Y yo os digo: Haceos amigos con las riquezas de esta injusticia para que cuando os falten os reciban en las tiendas eternas. El que es fiel en lo poco, lo es también en lo mucho, y el que es inicuo en lo poco, es también inicuo en lo mucho. Y si no fuisteis fieles con el dinero injusto, ¿quién os creerá sinceros? Si, pues, no sois hallados fieles en lo que no es vuestro, ¿quién os dará lo que os pertenece?»

CAPÍTULO XXVII

DEBEMOS PERDONAR SIEMPRE

EL CRIADO DE DURAS ENTRAÑAS

«Por tanto el reino de los cielos se parece a cierto rey que quiso ajustar cuentas con sus criados. Y cuando comenzó a hacerlo se le presentó uno que le debía diez mil talentos. Y como no tenía con qué pagar, mandó su señor que fuera vendido él y su mujer y sus hijos y todas las cosas que tenía, para pagar. Poniéndose de rodillas aquel criado, adorando, le dijo: «Ten paciencia conmigo, señor, y todo te lo pagaré». Y llevado de compasión el señor de aquel criado le perdonó a él y perdonó su deuda. Pero saliendo de allí, este criado encontró a uno de sus compañeros que le debía cien denarios y agarrándolo le ahogaba, diciéndole: «Dame lo que debes». Y arrojándose aquel compañero a sus pies le rogaba, diciendo: «Ten paciencia conmigo y te pagaré». Pero él no quiso y se marchó y lo metió en la cárcel hasta que devolviera la deuda. Y viendo los compañeros de ambos lo que había sucedido, lo llevaron muy a mal, y viniendo narraron a su señor todas las cosas que habían ocurrido. Entonces lo llamó su señor y le dijo: «Siervo malvado, te perdoné toda aquella deuda porque me lo rogaste; por consiguiente, ¿no era justo que hubieras tenido compasión de tu compañero, como yo la tuve contigo?» Y airado su señor lo entregó a los verdugos hasta que pagase todo lo que debía. Así hará mi Padre celestial a vosotros si cada uno no perdona de corazón a su hermano sus faltas.»

LA CORRECCIÓN FRATERNA

«Cuidaos a vosotros mismos; si tu hermano peca, corrígele; y si hace penitencia, perdónale. Y si te ofende siete veces al día y siete veces al día vuelve a ti, diciendo: «Estoy arrepentido»; perdónale. Y si tu hermano peca contra ti, vete y corrígele entre ti y él solo: si te oye habrás ganado a tu hermano. Pero si no te oye, lleva contigo uno o dos; pues en la boca de uno o dos es firme toda palabra. Y si a éstos tampoco los escucha, díselo a la Iglesia; y si tampoco oye a la Iglesia, sea para ti como un publicano y pagano. En verdad, pues, os digo: Todo lo que atéis en la tierra será atado en el cielo, y todo lo que desatéis en la tierra será desatado en el cielo.

»Os digo también: Si dos de vosotros se ponen de acuerdo en la tierra, todo cuanto pidan, se lo hará mi Padre que está en los cielos. Pues donde dos o tres se congreguen en mi nombre, allí estoy yo en medio de ellos». Entonces, acercándose Cefas, le dijo: «Señor, ¿cuántas veces, si mi hermano peca contra mí, le tengo que perdonar?, ¿hasta siete veces?» Le dijo Jesús: «No te digo hasta siete veces, sino hasta setenta veces siete. Y el siervo que conoce la voluntad de su señor, y no está preparado para él según esta voluntad, será tratado con mucho castigo; pero al que no la conozca y hace algo digno de castigo, le será impuesto poco castigo. Y a todo el que se le ha dado mucho se le exigirá mucho, y al que se le confió mucho, se le pedirá mucho de su mano».

JESÚS HABLA DE SU PASIÓN

Y les dijo: «Vine a poner fuego en la tierra: y quisiera que ya estuviera ardiendo. Tengo que ser bautizado en un bautismo y estoy angustiado hasta que se cumpla.»

NO DESPRECIÉIS A NADIE

También les dijo: «Mirad, no despreciéis ni a uno de estos pequeños que creen en mí. En verdad os digo: Sus ángeles ven siempre la cara de mi Padre que está en los cielos. El Hijo del hombre ha venido a salvar lo que estaba perdido».

NECESIDAD DE HACER PENITENCIA

Y después de estas cosas Jesús andaba por Galilea, pues no quería ir por Judea porque los Judíos lo buscaban para matarlo. Y vinieron algunos que le dijeron lo de los galileos, cuya sangre mezcló Pilato con la sangre de sus sacrificios. Respondió Jesús y les dijo: «¿Pensáis que estos galileos eran más pecadores que los demás galileos para que les ocurriera esto? No. En verdad, pues, os digo: Si todos vosotros no hacéis penitencia, pereceréis igualmente. O los dieciocho aquellos sobre los que cayó la torre de Siloé y los mató, ¿creéis que eran más culpables que todos los hombres que habitaban en Jerusalén? No. En verdad os digo: Si no hacéis todos penitencia, pereceréis también igual que ellos».

Y les dijo esta parábola: «Un hombre tenía plantada una higuera en su viña y vino a buscar fruto en ella y no lo encontró. Dijo entonces al agricultor: «Hace ya tres años que vengo a buscar fruto en esta higuera y no lo encuentro: Córtala, ¿para qué malgasta la tierra?» Le dijo el agricultor: «Señor, déjala un año más para que cave a su alrededor, y le eche estiércol por si da fruto: de lo contrario el próximo año la cortaré»».

CURA EN SÁBADO A UNA MUJER ENCORVADA

Y cuando Jesús estaba enseñando un sábado en cierta sinagoga, había allí una mujer que tenía el espíritu de la enfermedad desde hacía dieciocho años; estaba encorvada y de ningún modo podía enderezarse. Y viéndola Jesús la llamó y le dijo: «Oh mujer, queda libre de tu enfermedad». Y le impuso su mano; e inmediatamente se enderezó y glorificaba a Dios. Respondió indignado el jefe de la sinagoga porque curaba en sábado y dijo a las gentes: «Hay seis días en los que debemos trabajar; venid, pues, estos días y seréis curados y no en día de sábado». Y respondiendo Jesús, le dijo: «Hipócritas, ¿cada uno de vosotros no desata a su buey o al asno en día de sábado y lo lleva a abrevar? Y ésta, que es hija de Abrahán y que tenía atada el maldito[27] desde hace dieciocho años, ¿no convenía desatarla de este vínculo en día de sábado?» Y cuando decía esto quedaban avergonzados todos sus adversarios presentes; y toda la gente se alegraba de todas las maravillas que se hacían por Él.

---

[27] Literalmente, *el calumniador, el demonio.*

CAPÍTULO XXVIII

JESÚS SUBE A LA FIESTA DE LOS TABERNÁCULOS

SUS HERMANOS NO CREÍAN EN ÉL

En aquel tiempo se acercaba la fiesta de los Tabernáculos de los judíos. Y le dijeron los hermanos de Jesús: «Marcha de aquí y vete a Judea para que tus discípulos vean las obras que haces. Pues nadie hace algo oculto y quiere que sea público: si haces estas cosas manifiéstate al mundo». Pues en este tiempo ni los hermanos de Jesús creían en Él. Les dijo Jesús: «Mi tiempo no ha llegado todavía, pero el vuestro siempre está dispuesto. No puede el mundo odiaros: a mí, en cambio, me odia porque yo doy testimonio de él, de que sus obras son malas. Vosotros subid a esta fiesta, pero yo ahora no subo a esta fiesta porque mi tiempo no se ha cumplido todavía». Dijo esto y se quedó en Galilea.

Pero cuando sus hermanos subieron a la fiesta, se marchó de Galilea y vino a la región de Judea al otro lado del Jordán, y le siguieron muchas gentes y curó allí a todos. Y marchando subió a la fiesta no abiertamente, sino como oculto. Pero los judíos lo buscaban en la fiesta y decían: «¿Dónde está ése?» Y se hacían muchos comentarios allí entre las grandes multitudes que habían acudido a la fiesta. Pues algunos decían: «Es bueno»; y otros decían: «No, sino que seduce al pueblo». Por esto nadie hablaba abiertamente de Él por miedo a los judíos.

JESÚS ENSEÑABA EN EL TEMPLO

Pero cuando la fiesta de los Tabernáculos estaba en la mitad de sus días, Jesús subió al templo y enseñaba. Y los judíos se maravillaban diciendo: «¿Cómo sabe este hombre letras si no ha estudiado?» Jesús contestó y dijo: «Mi doctrina no es mía, sino de aquél que me ha enviado. El que quiera hacer su voluntad conocerá si mi doctrina es de Dios o hablo por mí mismo. El que habla por sí mismo busca gloria para sí mismo: pero el que busca la gloria de aquel que lo envió es verdadero y la injusticia no se encuentra en su corazón. ¿No os dio Moisés la ley y ninguno de vosotros cumple la ley? ¿Por qué pretendéis matarme?» Las gentes contestaron y le dijeron: «Tú tienes el demonio, ¿quién quiere matarte?» Jesús contestó y les dijo: «He hecho una obra y todos os maravillasteis de ella. Moisés os ha dado la circuncisión, no es que sea de Moisés, sino de los padres; y vosotros circuncidáis a un hombre en sábado. ¿Y si un hombre es circuncidado en día de sábado, para que la ley de Moisés no sea quebrantada, os irritáis contra mí porque he curado enteramente a un hombre en sábado? No juzguéis por apariencias, sino haced un juicio recto».

Y algunas gentes de Jerusalén decían: «¿No es éste el que buscan para matarlo? Y mirad, les habla abiertamente y no le dicen nada. ¿Creéis vosotros que nuestros ancianos saben que este hombre es realmente el Mesías? Pero este hombre se sabe de dónde es; sin embargo, cuando el Mesías venga nadie sabrá de dónde es». Pero Jesús levantando su voz, mientras estaba enseñando en el templo, dijo: «Todos vosotros me conocéis y sabéis de dónde soy; y yo no he venido por mí mismo, pero el que me envió es veraz y vosotros no lo conocéis. Pero yo lo conozco porque vengo de Él y Él me envió».

Y ellos quisieron detenerlo: y nadie puso su mano sobre Él porque su hora no había llegado todavía. Pero muchos de la multitud creyeron en Él. Y decían: «Cuando venga el Mesías, ¿hará más signos que los que este hombre hace?»

LA AVARICIA DE LAS RIQUEZAS

Y un cierto hombre de la multitud dijo al Señor: «Maestro, dile a mi hermano que divida la herencia conmigo». Jesús le dijo: «Hombre, ¿quién me ha nombrado juez o repartidor entre vosotros?» Y dijo a sus discípulos: «Cuidaos de toda codicia: pues la vida no consiste en la abundancia de bienes». Y les dijo esta parábola: «Los campos de cierto hombre rico le produjeron frutos abundantes. Y él razonaba dentro de sí mismo diciendo: «¿Qué haré, pues no tengo lugar donde recoger mis frutos?» Y dijo: «Esto haré: Demoleré los edificios de mis graneros, y los edificaré de nuevo y los haré más grandes; y juntaré allí todo mi trigo y mis bienes. Y diré a mi alma: Alma, tienes bienes almacenados para muchos años; descansa, come, bebe, disfrútalos». Dios le dijo: «Oh hombre de poca inteligencia, esta noche tu alma será quitada de ti; y los bienes que has almacenado, ¿de quién serán?» Así es el que almacena tesoros para sí mismo y no es rico para Dios».

JESÚS LLAMA A UN JOVEN RICO

Y cuando Jesús siguió su camino se acercó a Él un joven de los jefes, y echándose a sus pies, le preguntó diciendo: «Maestro bueno, ¿qué tengo que hacer para conseguir la vida eterna?» Jesús le dijo: «¿Por qué me llamas bueno? Nadie hay bueno, salvo Dios. Tú conoces los mandamientos: si deseas entrar en la vida observa los mandamientos». El joven le dijo: «¿Qué mandamientos?» Jesús le dijo: «No cometer adulterio, no robar, no matar, no decir falso testimonio, no defraudar, honrar a tu padre y a tu madre, amar a tu prójimo como a ti mismo». El joven le dijo: «Todas estas cosas las he observado desde mi infancia, ¿qué es entonces lo que me falta?» Y Jesús, mirándolo, le amó y le dijo: «Si quieres ser perfecto una cosa te falta, vete, vende todo lo que tienes, dáselo a los pobres y tendrás un tesoro en el cielo: y toma tu cruz y sígueme». A estas palabras el joven frunció el ceño y se marchó triste, pues era muy rico. Y Jesús, viendo su tristeza, miró hacia sus discípulos y les dijo: ¡Qué difícil es para los que tienen riquezas entrar en el reino de Dios!».

CAPÍTULO XXIX

LAS RIQUEZAS Y EL REINO DE LOS CIELOS

TODO ES POSIBLE CON DIOS

Dijo Jesús: «En verdad os digo: Es difícil para un hombre rico entrar en el reino de los cielos. Y os digo también: Es más fácil para un camello entrar por el ojo de una aguja que para un rico entrar en el reino de Dios». Y los discípulos se quedaron asombrados de estas palabras. Pero Jesús respondió de nuevo y les dijo: «Hijitos mío, ¡qué difícil es a los que confían en sus riquezas entrar en el reino de Dios!» Y los que oyeron esto quedaron más asombrados todavía, diciéndose entre ellos, con temor: «¿Quién, piensas, se puede salvar?» Y Jesús mirándolos les dijo: «Para los hombres esto no es posible, pero sí para Dios. Dios puede hacer todas las cosas».

Simón Cefas le dijo: «He aquí que nosotros lo hemos dejado todo y te hemos seguido: ¿Qué recibiremos entonces?» Jesús les dijo: «Verdaderamente os digo, vosotros que me habéis seguido, en el nuevo mundo, cuando el Hijo del hombre se siente en el trono de su gloria, os sentaréis también vosotros en doce tronos, y juzgaréis a las doce tribus de Israel. Verdaderamente os digo: No hay hombre que deje casa, o hermanos, o hermanas, o padre, o madre, o esposa, o hijos, o parientes, o tierras, por motivo del reino de Dios, o por mi causa y por mi evangelio y que no reciba dos veces más en este tiempo y que herede la vida eterna en el mundo por venir; pero en este tiempo, casas, y hermanos, y hermanas, y madres, e hijos, y tierras con persecución; y en el mundo futuro la vida eterna. Muchos que son primeros serán últimos; y los últimos primeros».

Y cuando los fariseos hubieron oído todas estas cosas, porque ellos amaban las riquezas, se mofaron de Él. Pero Jesús, conociendo lo que había en sus corazones les dijo: «Vosotros sois los que os justificáis a la vista de los hombres; pero Dios conoce vuestros corazones: pues el que es exaltado ante los hombres es pequeño a los ojos de Dios».

EL RICO Y EL POBRE ANTE DIOS

Y comenzó a decir: «Un cierto hombre era rico, y se vestía con seda y púrpura, y se divertía con exceso todos los días; y había un cierto mendigo llamado Lázaro, que se colocaba a la puerta del rico aquejado con llagas, y ansiaba llenar su estómago con las migas que se caían de la mesa del rico; incluso los perros venían y lamían sus llagas. Y sucedió que murió el mendigo, y los ángeles lo llevaron al seno de Abrahán; y el rico también murió y fue enterrado. Y cuando él estaba atormentado en el infierno (Hades), levantó sus ojos a lo lejos, y vio a Abrahán y a Lázaro en su seno. Y gritó en alta voz y dijo: «Padre Abrahán, ten compasión de mí y envía a Lázaro para que moje la punta de su dedo en agua y refresque mi lengua; porque estoy atormentado en este fuego». Abrahán le dijo: «Hijo mío, recuerda que recibiste bienes en tu vida, y Lázaro sus calamidades; pero ahora, mira, él descansa aquí, pero tú estás atormentado. Añade a todas estas cosas, que entre nosotros y vosotros ha sido colocado un gran abismo para que aquellos que deseen cruzar de aquí a ti no lo puedan hacer, ni cruzar tampoco de ahí a nosotros». Él le dijo: «Te ruego, pues, padre mío, que lo envíes a casa de mi padre, pues tengo cinco hermanos; que vaya, no sea que pequen también, y vengan a este lugar de tormentos». Abrahán le dijo: «Tienen a Moisés y los profetas; que los escuchen». Él le dijo: «No, padre mío Abrahán; pero si alguno de los muertos va a donde ellos, se arrepentirán». Abrahán le dijo: «Si no oyen a Moisés y a los profetas, ni aun cuando uno de los muertos resucite, le creerán"».

DIOS OFRECE A TODOS SU REINO

«El reino de los cielos es semejante a un propietario que salió muy de mañana para contratar trabajadores para su viña. Y cuando hubo hecho un convenio con los trabajadores de un denario por día para cada trabajador, los envió a su viña. Y salió a la hora de tercia, y viendo a otros que estaban en la plaza ociosos, les dijo: «Id vosotros también a mi viña y os daré lo que sea justo». Y ellos fueron, Salió de nuevo a la hora de sexta y de nona, e hizo lo mismo y los envió. Y a la hora undécima salió y, encontrando a otros que estaban ociosos, les dijo: « ¿Por qué estáis todo el día ociosos?» Ellos le dijeron: «Porque nadie nos ha contratado». Él les dijo: «Id vosotros también a mi viña; y recibiréis lo que sea justo».

»Al atardecer, el dueño de la viña dijo a su administrador: «Llama a los trabajadores y págales su jornal: pero comienza con los últimos y continúa hasta los primeros». Y los trabajadores de la hora undécima[28] vinieron y recibieron cada uno un denario. Y cuando llegaron los primeros, ellos suponían que iban a recibir más; pero ellos también recibieron cada uno un denario. Y cuando lo recibieron murmuraron contra el propietario diciendo: «Estos últimos han trabajado una hora y les has tratado igual que a nosotros, que hemos sobrellevado el ardiente calor del día y su peso». Él contestó a uno de ellos y dijo: «No te hago nada injusto, ¿no te habías ajustado conmigo en un denario? Toma lo que es tuyo y vete; pues es mi voluntad dar a este último lo mismo que te he dado a ti. ¿O no tengo yo derecho a

---

[28] El árabe dice hora once.

hacer con mis cosas lo que quiera? ¿O acaso es tu ojo malo porque yo soy bueno?» Así los últimos serán primeros y los primeros últimos: muchos son los llamados y pocos los escogidos».

LOS FARISEOS SE ESCANDALIZAN

Y cuando Jesús entró en la casa de cierto jefe de los fariseos para comer el pan en día de sábado, ellos estaban observándolo a ver lo que hacía. Y había allí delante de él un hombre que padecía hidropesía. Jesús contestó y dijo a los escribas y fariseos: «¿Es lícito curar en día de sábado?» Pero ellos se quedaron en silencio. Sin embargo, Él le tomó, y le curó, y le despidió. Y les dijo: «¿A quién de vosotros si se le cae un hijo o un buey en un pozo en día de sábado no lo saca en seguida y le da algo para beber?».

Y ellos no pudieron contestarle ni una palabra a estas cosas.

CAPÍTULO XXX

DIOS OFRECE A TODOS SU REINO

INVITACIÓN A LA HUMILDAD

Y Él propuso una parábola delante de los que estaban invitados allí, porque los vio escogiendo los mejores puestos: «Cuando alguien te invite a una fiesta no vayas a sentarte en el primer puesto de la reunión; no sea que haya allí un hombre más honorable que tú y el que os invitó a los dos venga y te diga: «Dale el sitio a este hombre»; y quedarás avergonzado delante de los invitados, y a ti te darán otro lugar. Antes bien cuando seas invitado, ve y ponte en el último lugar; para que cuando venga el que te ha invitado te pueda decir: «Amigo, vete más arriba»; y tendrás gloria en presencia de todos los que han sido invitados contigo. Pues todo el que se exalte será humillado y todo el que se humille será ensalzado».

Y le dijo al que le había invitado: «Cuando des una cena o un banquete, no invites a tus amigos, ni a tus hermanos, ni a tus parientes, ni a tus vecinos ricos, no sea que ellos te inviten y tengas recompensa. Sino que cuando prepares un banquete, invita a los pobres, a los débiles, cojos y ciegos y serás dichoso porque no tienen cómo retribuirte y tu recompensa tendrá lugar en la resurrección de los justos». Oyendo estas cosas, uno de los invitados le dijo: «Dichoso el que coma el pan en el reino de Dios».

NECESIDAD DE UNA VIDA DIGNA ANTE DIOS

Respondiendo de nuevo Jesús en parábolas dijo: «Semejante es el reino de los cielos a cierto rey que celebró la boda de su hijo; y preparó un gran banquete e invitó a muchos. Y envió a sus criados a la hora del banquete para informar a los invitados: «Todas las cosas están preparadas para vosotros, venid». Y no quisieron venir, sino que comenzaron todos a excusarse con una sola voz. El primero les dijo: «Decidle que he comprado un campo y necesito ir a verlo: te lo ruego, discúlpame, pues estoy excusado». Y otro dijo: «He comprado cinco yuntas de bueyes y voy a probarlas: te ruego que me disculpes, pues estoy excusado». Y otro dijo: «Me he casado y por eso no puedo ir".

»El rey envió de nuevo otros criados diciendo: «Decid a los invitados: Mi banquete está preparado, mis toros y novillos han sido sacrificados, todo está preparado; venid al banquete». Pero ellos no hicieron caso y se marcharon: uno a su campo, y el otro a sus negocios; pero los demás agarraron a los criados, los escarnecieron y los mataron. Y viniendo uno de los criados anunció a su amo lo que había sucedido. Y cuando el rey se enteró, se irritó, y enviando sus ejércitos, destrozaron a aquellos homicidas e incendiaron sus ciudades. Entonces dijo a sus criados: «Mi banquete está preparado y los que fueron invitados no eran dignos. Salid en seguida a las plazas y calles de la ciudad y meted aquí a los pobres y enfermos, cojos y ciegos». E hicieron los criados como el rey les había mandado. Y vinieron y le dijeron: «Señor, hemos hecho todo lo que has mandado y todavía hay sitio aquí». Y dijo el señor a sus criados: «Id por caminos, sendas y calles, y a cuantos encontréis invitadles al banquete, y obligadles a entrar hasta que se llene mi casa. Os digo: Ninguno de aquellos que fueron invitados gustará mi banquete». Y saliendo los criados a los caminos reunieron a todos los que encontraron, buenos y malos; y la casa del banquete se llenó de comensales. Y el rey entró para ver a los que estaban sentados a la mesa y reparó en un hombre que no estaba vestido con traje nupcial. Y le dijo: «Amigo, ¿cómo has entrado aquí sin tener vestido nupcial?» Y él enmudeció. Entonces dijo el rey a sus ministros: «Atad sus manos y sus pies, y arrojadlo a las tinieblas exteriores: allí será el llanto y rechinar de dientes Muchos son los llamados y pocos los escogidos».

JESÚS CURA A DIEZ LEPROSOS

Después de esto era la fiesta de los panes ázimos de los judíos; y Jesús se marchó para ir a Jerusalén. Y cuando iba de camino le salieron al encuentro diez hombres leprosos, que se pararon a distancia y levantaron su voz diciendo: «Jesús maestro, ten piedad de nosotros». En cuanto los vio, les dijo: «Id y presentaos a los sacerdotes». Y cuando iban se curaron. Pero uno de ellos, en cuanto se vio curado, volvió, y con grandes voces daba gloria a Dios; y se postró rostro en tierra a los pies de Jesús, dándole gracias; y éste era Samaritano. Respondió Jesús y dijo: «¿No han sido curados diez? ¿Y los nueve dónde están? Ni uno de ellos se desvió para venir y dar gloria a Dios, sino este extranjero». Y le dijo: «Levántate, vete, tu fe te ha salvado».

PREDICE SU PASIÓN Y RESURRECCIÓN

Y cuando iban de camino subiendo a Jerusalén, Jesús les precedía por delante de ellos: y estaban estupefactos y le seguían con temor. Y tomando a sus doce discípulos aparte comenzó a manifestarles en secreto las cosas que le iban a suceder. Y les dijo: «Nosotros subimos a Jerusalén y se cumplirán todas las cosas que fueron escritas en los Profetas del Hijo del hombre. Será entregado a los príncipes de los sacerdotes y escribas, y lo condenarán a muerte, y lo entregarán a los gentiles, y se mofarán de él, y lo flagelarán, y le escupirán en su cara, lo humillarán, lo crucificarán y matarán, y al tercer día resucitará». Y ellos no entendieron nada de esto, sino que estas palabras les estaban escondidas y no entendían lo que les decía.

LA MADRE DE LOS ZEBEDEOS

Entonces se acercó a Él la madre de los hijos de Zebedeo, ella y sus dos hijos, y le adoró y pidió algo de Él. Le dijo: «¿Qué quieres?» Y se acercaron a Él Santiago y Juan, sus hijos, y le dijeron: «Maestro, queremos que nos hagas lo que te pidamos». Les dijo: «¿Qué queréis que os haga?» Le dijeron: «Concédenos que uno se siente a tu derecha y otro a tu izquierda en tu reino y tu gloria», Pero Jesús les dijo: «No sabéis lo que pedís: ¿podéis beber el cáliz que yo voy a beber y ser bautizados con el bautismo que yo voy a ser bautizado?» Le contestaron: «Podemos». Les dijo Jesús: «El cáliz que yo voy a beber lo beberéis y seréis bautizados con el bautismo con el que yo voy a ser bautizado; pero que os sentéis a mi derecha o a mi izquierda no es cosa mía concederlo, sino a quienes mi Padre se lo tiene preparado».

CAPÍTULO XXXI

JESÚS SE VA ACERCANDO A JERUSALÉN

EL ESPÍRITU DE SUS DISCÍPULOS

Cuando oyeron los otros diez, se indignaron contra Santiago y Juan. Y Jesús llamándolos les dijo: «Vosotros sabéis que los jefes de los gentiles son señores de ellos y sus príncipes los dominan. No sucederá así entre vosotros, sino que el que quiera entre vosotros ser el mayor, que sea vuestro servidor; y el que quiera entre vosotros ser el primero que sea el siervo de todos; igual que el Hijo del hombre, que no vino a ser servido, sino a servir y dar su vida en rescate por muchos».

Dijo estas cosas y recorría pueblos y ciudades enseñando y haciendo el camino a Jerusalén. Y uno le preguntó: «¿Son pocos los que se salvan?» Respondió Jesús y les dijo: «Esforzaos por entrar por la puerta estrecha, pues os digo: Muchos pretenderán entrar y no la encuentran. Desde el momento en que el dueño de la casa se levante y cierre la puerta, estaréis fuera, de pie, y llamaréis a la puerta y comenzaréis a decir: «Señor, ábrenos»; y él respondiendo dirá: «Os digo: No sé de dónde sois»; y comenzaréis a decir: «Hemos comido y bebido contigo, y enseñaste en nuestras casas». Y os dirá: «No sé de dónde sois: Apartaos de mí, siervos de iniquidad». Allí será el llanto y rechinar de dientes, cuando veáis a Abrahán, Isaac y Jacob y a todos los profetas en el reino de Dios y vosotros echados fuera. Y vendrán de Oriente y de Occidente, y del norte y del sur y se sentarán en el reino de Dios. Y entonces los últimos serán los primeros y los primeros serán los últimos».

UN HOMBRE RICO LLAMADO ZAQUEO

Y cuando Jesús entró y andaba por Jericó, cierto hombre de nombre Zaqueo, rico y jefe de los publicanos, quería ver quién era Jesús; y no podía por la presión de la gente, porque era pequeño de estatura. Y corriendo se adelantó a Jesús y se subió a un árbol sicómoro, para ver a Jesús, porque tenía que pasar por allí. Y cuando Jesús llegó al lugar, lo vio y le dijo: «Zaqueo, date prisa, baja; hoy tengo que estar en tu casa». Y bajó aprisa, y lo recibió con alegría. Y cuando todos vieron esto murmuraban diciendo: «Ha entrado y se ha hospedado en casa de un hombre pecador». Pero Zaqueo, puesto en pie, dijo a Jesús: «Mira, doy la mitad de mis bienes a los pobres, Señor, y de lo que recibí demás de cada uno de ellos, devuelvo el cuádruplo». Le dijo Jesús: «Hoy ha venido la salvación a esta casa porque este hombre es también hijo de Abrahán. Pues el Hijo del hombre ha venido a buscar y a salvar lo que estaba perdido».

EL HIJO DE TIMEO RECOBRA LA VISTA

Y cuando salió Jesús de Jericó con sus discípulos, y le seguía una gran multitud, cierto ciego estaba al lado del camino mendigando y su nombre era Timeo, hijo de Timeo. Y oyendo el ruido de la muchedumbre que pasaba, preguntó quién era. Le dijeron: «Pasa Jesús Nazareno». Y cuando oyó que era Jesús gritó con gran voz diciendo: «Jesús, hijo de David, ten compasión de mí». Y los que iban por delante de Jesús lo increpaban para que callara. Pero él gritaba más, diciendo: «Hijo de David, ten compasión de mí». Jesús se paró y mandó que lo llamaran. Y llamaron al ciego diciéndole: «Animo, levántate, pues él mismo te llama». Y el ciego, arrojando su manto, levantándose apresuradamente vino a Él. Le dijo Jesús: «¿Qué quieres que te haga?» Y el ciego le dijo: «Señor mío y maestro, que abras mis ojos y te vea». Y Jesús, movido a compasión de él, tocó sus ojos y le dijo: «Ve, tu fe te ha salvado». E inmediatamente vio y le seguía dando gloria a Dios. Y toda la gente que lo vio alababa a Dios.

LOS TRABAJADORES DEL REINO DE DIOS

Y propuso una parábola porque estaba cerca de Jerusalén y porque creían que en ese tiempo se manifestaría el reino de Dios. Les dijo: «Cierto hombre, de noble prosapia, se marchó a una región lejana para recibir un reino y volver. Y llamando a diez siervos suyos, les dio diez minas y les dijo: "Negociad hasta mi venida". Pero sus ciudadanos lo odiaban y enviaron legados detrás de él diciendo: "No queremos que éste reine sobre nosotros". Y cuando volvió, recibido el reino, mandó llamar a los siervos, a los que había entregado el dinero, delante de él, para saber cuánto había ganado cada uno. Y el primero vino y dijo: "Señor, con tu mina he conseguido diez minas". Le dijo el rey: "Oh siervo bueno y fiel, que has sido encontrado fiel en poca cosa, toma el poder sobre diez distritos". Y otro vino diciendo: "Señor, tu mina me ha producido cinco minas". Y a éste dijo: "Y tú tendrás poder sobre cinco distritos". Y otro vino diciendo: "Señor, he aquí tu mina, que he guardado junto a mí en el pañuelo; te tuve miedo, pues eres hombre duro: tomas lo que no has puesto, exiges lo que no has dado, y recoges lo que no has sembrado". Le dijo su señor: "Por tu propia boca te juzgo, siervo malvado, negligente, infiel; sabías que soy hombre duro, que tomo lo que no puse y recojo lo que no sembré; ¿por qué no pusiste mi dinero en el banco para que al venir lo hubiera exigido con sus intereses?" Y dijo a los presentes: "Quitadle la mina y dádsela al que tiene diez". Le dijeron: "Señor, tiene diez minas". Les dijo: «Os digo: A todo el que tiene se le dará y a aquel que no tiene, aun lo que tiene se le quitará. Pero a aquellos enemigos míos que no quisieron que reinara sobre ellos, traedlos y matadlos delante de mí"».

CAPÍTULO XXXII

JESÚS EN LA CIUDAD SANTA

HABLABA DEL TEMPLO DE SU CUERPO

Y cuando Jesús entró en Jerusalén, subió al templo de Dios; y encontró a allí toros, ovejas y palomas. Y viendo a los vendedores y compradores y a los cambiadores de moneda sentados, se hizo un látigo con cuerdas y los echó a todos del templo, y a las ovejas y bueyes y cambistas, cuyo dinero tiró por el suelo, y volcó sus mesas, y los asientos de los que vendían palomas; y enseñando les decía: «¿No está escrito: Mi casa es casa de oración para todas las gentes? Y vosotros la habéis hecho una cueva de ladrones». Y a los que vendían palomas les dijo: «Quitad estas cosas de aquí y no hagáis de la casa de mi Padre, casa de negocios». Y no permitía que nadie llevase vasijas por el templo. Y sus discípulos recordaron la Escritura: «El celo de tu casa me devora». Respondieron los judíos y le dijeron: «¿Qué signo nos muestras para hacer esto?» Respondió Jesús y les dijo: «Destruid este templo y en tres días lo edificaré». Dijeron los judíos: «Este templo fue edificado en cuarenta y seis años y tú ¿lo levantas en tres días?» Pero Él les hablaba del templo de su cuerpo: pues cuando lo destruyeran, en tres días resucitaría. Y cuando resucitó de entre los muertos sus discípulos se acordaron que había dicho esto; y creyeron a las Escrituras y a la palabra que dijo Jesús.

LA LIMOSNA Y EL CORAZÓN

Y sentándose Jesús en frente del tesoro veía cómo las gentes echaban sus ofrendas en el tesoro; y muchos ricos echaban mucho. Pero vino una pobre viuda y echó dos óbolos[29]. Y llamando Jesús a sus discípulos les dijo: «En verdad os digo: Esta pobre viuda ha echado más que todos en el tesoro; pues todos éstos echaron lo que les sobraba de sus bienes en el arca de las oblaciones de Dios; pero ésta, de su necesidad, ha echado todo lo que poseía».

EL FARISEO Y EL PUBLICANO

Y les propuso esta parábola sobre algunos que se creían justos y despreciaban a los demás: «Dos hombres subieron al templo a orar; uno de ellos era fariseo y el otro publicano. El fariseo oraba así en su interior: «Señor, te doy gracias porque no soy como los demás hombres, injustos, adúlteros, extorsionadores, ni como este publicano; sino que ayuno dos veces por semana y doy la décima parte de todos mis bienes». Y el publicano, estando de pie a lo lejos, no quería ni levantar los ojos al cielo, sino que golpeaba su pecho diciendo: «Señor, ten piedad de mí pecador». Os digo: Éste descendió justificado a su casa más que el fariseo. Todo el que se ensalza será humillado y el que se humilla será ensalzado».

EN BETANIA

Y al atardecer, dejándolos a todos, salió fuera de la ciudad, a Betania, Él y los doce; y permaneció allí. Y todos, conocedores del lugar, vinieron a Él y los recibió; y sanaba a los que necesita-

---

[29] Moneda ínfima entre los griegos.

ban curación. Y a la mañana siguiente, cuando volvió de Betania a la ciudad, tuvo hambre. Y vio de lejos al lado del camino una higuera que tenía muchas hojas, y vino a ella esperando algo en ella, y cuando llegó no encontró en ella más que hojas; pues no era tiempo de higos. Y le dijo: «Desde ahora y por la eternidad nadie comerá fruto de ti». Y sus discípulos oyeron.

CONVERSACIÓN CON NICODEMO

Y vinieron a Jerusalén. Y había allí un hombre de los fariseos, de nombre Nicodemo, jefe de los judíos. Este vino a Jesús de noche y le dijo: «Maestro, nosotros sabemos que has sido enviado como maestro por Dios, pues nadie puede hacer estos signos que tú haces, sino aquél con el cual está Dios». Respondió Jesús y le dijo: «En verdad, en verdad te digo: Si alguien no nace de nuevo no puede ver el reino de Dios». Le dijo Nicodemo: «¿Cómo puede nacer un hombre viejo?, ¿acaso puede entrar de nuevo en el vientre de su madre y renacer?» Respondió Jesús y le dijo: «En verdad, en verdad te digo: Si un hombre no nace del agua y del espíritu, no puede entrar en el reino de Dios. Lo que nace de la carne es carne, y lo que nace del espíritu es espíritu. No te extrañes de que te haya dicho: Conviene que nazcáis de nuevo. El viento sopla donde quiere y oyes su voz, pero no sabes de dónde viene, y adónde va: así es todo el que ha nacido del espíritu».

Respondió Nicodemo y le dijo: «¿Cómo pueden suceder estas cosas?» Respondió Jesús y le dijo: «¿Tú eres maestro en Israel e ignoras esto? En verdad, en verdad te digo: De lo que sabemos hablamos y damos testimonio de lo que vimos, y no recibís nuestro testimonio. Si os dije cosas de la tierra y no creísteis, ¿cómo, si os digo cosas del cielo, creeréis? Y nadie sube al cielo sino el que descendió del cielo, el Hijo del hombre que está en el cielo. Y como Moisés levantó la serpiente en el desierto, así sucederá que sea exaltado el Hijo del hombre, para que todo el que crea en él, no perezca, sino que tenga vida eterna. Así amó Dios al mundo que le dio su Hijo unigénito para que todo el que cree en él no perezca, sino que tenga vida eterna. No envió Dios a su Hijo al mundo para juzgar al mundo, sino para que se salve el mundo por Él. El que cree en Él no será juzgado, pero el que no cree, ya está juzgado porque no cree en el nombre del Hijo unigénito de Dios. Este es el juicio, que la Luz vino al mundo y los hombres amaron más las tinieblas que la luz: porque eran malas sus obras. Todo el que obra el mal odia la luz y no viene a la luz para que sus obras no sean reprobadas; pero el que obra la verdad viene a la luz para que se conozcan sus obras, porque han sido hechas en Dios».

CAPÍTULO XXXIII

JESÚS SALE DE JERUSALÉN Y REGRESA OTRA VEZ

AUMÉNTANOS LA FE

Y al atardecer salió Jesús fuera de la ciudad, Él y sus discípulos. Y cuando pasaban por la mañana vieron los discípulos la higuera seca desde la raíz. Y al pasar a su lado dijeron: «¿Cómo se ha secado ya la higuera?» Y Simón se acordó y le dijo: «Maestro, mira, la higuera que maldijiste se ha secado». Y respondiendo Jesús les dijo: «Que la fe en Dios esté en vosotros. En verdad os digo: Si creéis y no dudáis en vuestros corazones, y tenéis por cierto que lo que digáis sucederá, todo lo que digáis se realizará. Y si decís a este monte: Quítate y échate en el mar, así se hará. Y todas las cosas que pidáis a Dios en la oración con fe se os darán».

Y dijeron los apóstoles al Señor: «Auméntanos la fe». Les dijo: «Si la fe fuera en vosotros como un grano de mostaza diríais a esta higuera: Arráncate y plántate en el mar; y os obedecería. ¿Quién de vosotros, si tiene un criado pastoreando bueyes o apacentando ovejas, cuando viene del campo le dice: Aprisa, anda y siéntate a la mesa? Sino que le dirá: Prepárame la cena y cíñete los lomos, y sírveme mientras coma y beba; después comerás y beberás también tú. ¿Acaso tendrá que dar las gracias al criado que hizo lo que le mandaba? No creo. Así también vosotros, cuando hagáis todo lo que se os ha mandado, decid: Somos siervos inútiles: hemos hecho lo que teníamos que hacer».

INSISTENCIA EN LA ORACIÓN

«Por tanto os digo: Cualquier cosa que pidáis en la oración, creed que la recibiréis y os sucederá. Y cuando os disponéis a orar, perdonad lo que tengáis en vuestro corazón contra cualquier hombre, y vuestro Padre, que está en los cielos, os perdonará también vuestras ofensas. Y si no perdonáis a los hombres sus ofensas, tampoco vuestro Padre os perdonará las vuestras».

Y les propuso una parábola para que oraran siempre y no fueran desidiosos: «Había un cierto juez en una ciudad que no temía a Dios y no respetaba a los hombres. Y había una viuda en esa ciudad y vino a él diciendo: «Defiéndeme de mi adversario». Y no quiso por mucho tiempo. Después dijo dentro de sí: «Si no temo a Dios ni respeto a los hombres, sin embargo, por la importunidad de esta viuda la defenderé, para que no venga constantemente a molestarme». Y dijo nuestro Señor: Oíd lo que dijo el juez inicuo: ¿y Dios no hará más defensa de sus elegidos que claman a él día y noche y será generoso con ellos? Os digo: Les hará justicia pronto. Cuando venga el Hijo del hombre, ¿piensas que encontrará fe sobre la tierra?»

LA DIALÉCTICA DE JESÚS

Y llegaron de nuevo a Jerusalén. Y sucedió en uno de los días que paseando Jesús y enseñando al pueblo en el templo y evangelizándolo, se le presentaron los príncipes de los sacerdotes, y escribas con los ancianos y le dijeron: «Dinos, ¿con qué poder haces esto? ¿y quién te ha dado a ti este poder para hacer esto?» Y Jesús les dijo: «También yo os haré a vosotros una pregunta y si me respondéis, os diré yo también con qué poder hago esto. El bautismo de Juan ¿de dónde era?, ¿del cielo o de los hombres? Decidme». Pero ellos razonaban entre sí diciendo: «Si le contestamos: del cielo, nos dirá: ¿por qué no le creísteis? Pero si le decimos: de los hombres, tememos que todo el pueblo nos apedree: pues todos sostenían que Juan era verdadero profeta». Respondieron y le dijeron: «No sabemos». Les dijo Jesús: «Tampoco yo os digo con qué poder hago esto».

PUBLICANOS Y PROSTITUTAS EN EL REINO DE DIOS

«¿Qué os parece? Cierto hombre tenía dos hijos y acercándose al primero le dijo: "Hijo mío, vete hoy a trabajar a la viña". Respondiendo, dijo: "No quiero". Pero al fin, se arrepintió y fue. Y acercándose al otro le dijo lo mismo. Y respondiendo, dijo: "Sí, Señor»; y no fue. ¿Quién de estos dos hizo la voluntad de su padre? Le dijeron: «El primero". Les dijo Jesús: "En verdad os digo: los publicanos y las prostitutas os precederán en el reino de Dios. Vino a vosotros Juan por el camino de la justicia y no le creísteis: sin embargo, los publicanos y prostitutas le creyeron; pero vosotros, ni después de haber visto os arrepentisteis finalmente, para creerle"».

SE OS QUITARÁ EL REINO DE DIOS

Oíd otra parábola: «Había un hombre, un propietario, que plantó una viña, y la rodeó con una cerca, y cavó en ella un lagar y edificó en ella una torre, la arrendó a unos agricultores y se marchó lejos por mucho tiempo. Y cuando se aproximaba el tiempo de los frutos, mandó a los arrendadores sus criados, para que le enviaran los frutos de su viña. Pero los agricultores los maltrataron y los despidieron con las manos vacías. Nuevamente les envió otro criado y lo apedrearon y lo hirieron y lo despidieron lleno de injurias. Y envió otro otra vez y lo mataron; y les envió otros muchos criados; pero los agricultores agarrando a los criados a uno lo apalearon, a otro lo apedrearon y a otro lo mataron. De nuevo envió otros criados más que la primera vez, y les hicieron lo mismo. Y dijo el señor de la viña:

"¿Qué haré? Enviaré a mi hijo querido: pues tal vez cuando lo vean lo respeten".

»Finalmente les envió a su hijo querido. Pero los agricultores, viendo al hijo, se dijeron entre sí: "Este es el heredero"; y dijeron: "Lo matamos y será nuestra la herencia". Y agarrándolo lo arrojaron fuera de la viña y lo mataron. Y cuando venga el dueño de la viña, ¿qué hará a aquellos agricultores?»

Le dijeron: «Destruirá a esos miserables miserablemente y arrendará la viña a otros agricultores que le den fruto a su tiempo». Les dijo Jesús: «¿Nunca leísteis en la Escritura: La piedra que desecharon los constructores ésta se ha convertido en piedra angular? Dios ha hecho esto y es admirable a nuestros ojos. Por ello os digo: Se os quitará a vosotros el reino de Dios y se dará a la nación que dé su fruto. Y el que cayere sobre esta piedra será roto a pedazos: y sobre cualquiera que caiga ella lo pulverizará».

Y cuando oyeron los príncipes de los sacerdotes y los fariseos sus parábolas se dieron cuenta de que hablaba de ellos mismos. Y pensaron agarrarlo, pero tuvieron miedo a las gentes porque lo respetaban como a un profeta.

CAPÍTULO XXXIV

CRECEN LAS INTRIGAS CONTRA JESÚS

LOS FARISEOS PIDEN CONSEJO

Entonces se fueron los fariseos y tomaron consejo de cómo pillarle en alguna palabra para entregarlo a la autoridad judicial y al poder del gobernador. Y le enviaron sus discípulos con los herodianos diciéndole: «Maestro, sabemos que eres veraz y enseñas el camino de Dios con verdad y no te preocupas de nadie, porque tú no miras al hombre: dinos, pues, ¿qué te parece? ¿Tenemos que dar el tributo al César o no?, ¿lo damos o no lo damos?» Pero Jesús, conociendo su malicia, les dijo: «¿Por qué me tentáis, hipócritas? Mostradme el denario del tributo». Y le entregaron un denario. Les dijo Jesús: «¿De quién es esta imagen y esta inscripción?» Le dijeron: «Del César». Les dijo: «Dad al César lo que es del César y a Dios lo que es de Dios». Y no pudieron conseguir que resbalara en su discurso delante de la gente, y, admirados de sus palabras, se refrenaron.

UNA PREGUNTA CAPCIOSA

Aquel día vinieron los saduceos y le dijeron: «Los muertos no tienen vida»; y le preguntaron, diciéndole: «Maestro, Moisés nos dijo que si un hombre se muere no dejando hijos, su hermano se case con su mujer para darle prole a su hermano.

Ahora bien, había entre nosotros siete hermanos, y el primero se casó y murió sin hijos. Y otro se casó con su mujer y murió sin hijos. El tercero también se casó con ella; de igual modo hasta los siete y murieron sin dejar hijo. Y la última de todos, murió también la mujer. Entonces, en la resurrección, ¿de cuál de estos siete será la mujer?, todos se habían casado con ella». Respondió Jesús y les dijo: «¿No estáis equivocados porque ignoráis las Escrituras y el poder de Dios? Los hijos de este mundo se casan con mujeres, y las mujeres son entregadas a los varones: pero aquellos que sean encontrados dignos del otro mundo y de la resurrección de los muertos no se casarán con mujeres, ni las mujeres serán de los varones, ni podrán ya morir. Sino que serán como los ángeles e hijos de Dios, hechos ya hijos de resurrección. Respecto a la resurrección de los muertos, ¿no habéis leído en el libro de Moisés, cómo le dijo Dios desde la zarza: «Yo soy el Dios de Abrahán y el Dios de Isaac y el Dios de Jacob?» Por tanto no es el Dios de los muertos, sino de los vivos: todos están vivos delante de Él. Estáis, pues, muy equivocados».

PREGUNTAS ACLARADAS

Y, oyendo las gentes, se maravillaban de su doctrina. Pero respondiendo algunos de los escribas le dijeron: «Maestro, has hablado bien». Y todos los fariseos, viendo que había impuesto silencio con estas razones a los saduceos, se pusieron de acuerdo contra Él, para luchar con Él. Y uno de los escribas, doctor de la ley, viendo la propiedad de sus respuestas a ellos, lo quiso tentar diciendo: «¿Qué tengo que hacer para conseguir la vida eterna? ¿y cuál es el mayor y principal mandamiento de la ley?» Le dijo Jesús: «El primero de todos los mandamientos es: Escucha, Israel, el Señor, nuestro Dios, el Señor es uno. Y: Amarás al Señor tu Dios con todo el corazón, con toda el alma, con toda tu mente, y con toda tu fuerza. Éste es el principal y primer mandamiento. Y el segundo, que es semejante a éste: Amarás a tu prójimo como a ti mismo. No hay mandamiento mayor que éstos. De estos dos mandamientos dependen la ley y los Profetas». Le dijo el escriba: «¡Óptima sentencia, Maestro! En verdad dijiste que (Dios) es uno y no hay otro fuera de Él: y que cada uno le ame con todo el corazón, con toda la mente, con toda el alma y con toda su fuerza: y que amar a su prójimo como a sí mismo, es más importante que todos los holocaustos y sacrificios». Y Jesús, viendo que había contestado sabiamente, respondió y le dijo: «No estás lejos del reino de Dios. Has dicho la palabra verdadera: haz esto y vivirás».

¿QUIÉN ES MI PRÓJIMO?

Pero él, queriéndose justificar le dijo: «¿Y quién es mi prójimo?» Le dijo Jesús: «Cierto hombre descendía de Jerusalén a Jericó y le asaltaron los ladrones, los cuales lo despojaron, lo golpearon y marcharon dejándolo medio muerto. Sucedió, pues, que un sacerdote bajara por el mismo camino y, viéndolo, pasó de largo. De igual modo vino un levita y cuando llegó a aquel lugar y lo vio, siguió adelante. Pero un cierto samaritano, que hacía este camino, cuando llegó al lugar donde estaba aquél y lo vio, tuvo compasión de él. Y, acercándose, vendó sus heridas echando vino y aceite, y poniéndolo en su asno, lo llevó a la posada y se cuidó de él. Y al día siguiente sacó dos denarios y se los dio al posadero y le dijo: «Ten cuidado de él, y todo lo que gastes de más, yo, cuando vuelva, te lo daré». ¿Quién de estos tres te parece a ti que es más prójimo de aquel que cayó con los ladrones?» Le dijo: «Aquel que tuvo compasión de él». Le dijo Jesús: «Anda, y haz tú lo mismo». Y nadie se atrevía desde entonces a interrogarle.

LO BUSCAN PARA MATARLO

Y estaba enseñando diariamente en el templo. Pero los príncipes de los sacerdotes, los escribas y ancianos del pueblo buscaban matarlo, y no podían hacerle nada. Pues todo el pueblo estaba prendado de oírle. Y muchos de entre la gentes creyeron en Él y decían: «Cuando venga el Mesías ¿acaso hará más signos que los que éste hace?» Y se enteraron los fariseos que las gentes decían estas cosas de Él; y los príncipes de los sacerdotes enviaron soldados para apresarlo. Y les dijo Jesús: «Todavía estoy con vosotros un poco de tiempo, e iré a Aquel que me envió. Y me buscaréis y no me encontraréis: y donde yo estoy vosotros no podéis venir». Dijeron los judíos entre sí: ¿Dónde va a ir éste que nosotros no podemos ir?, ¿piensa que se va a ir a tierra de gentiles para enseñar a los paganos?»[30] «¿Qué significa esta palabra que dijo: "Vosotros me buscaréis y no me encontraréis; y donde yo estoy, vosotros no podéis venir?"».

---

[30] Con frecuencia Taciano llama a las naciones los paganos.

CAPÍTULO XXXV

JESÚS SE DECLARA ANTE UN PUEBLO DIVIDIDO

ÉSTE ES EL MESÍAS

Y el último día grande de las fiestas estaba Jesús gritando y diciendo: «El que tenga sed que venga a mí y beba. Todo el que cree en mí, como dicen las Escrituras, de su vientre fluirán ríos de agua pura». Esto dijo, aludiendo al Espíritu que recibirían los que creyeran en Él, pues todavía no había sido dado el Espíritu porque Jesús no estaba glorificado. Y muchas de las gentes que oyeron sus sermones dijeron: «Este es verdaderamente el Profeta». Y otros decían: «Este es el Mesías». Pero otros decían: «¿Acaso vendrá el Mesías de Galilea? ¿No dice la Escritura que el Mesías vendrá de la estirpe de David, y de Belén, la ciudad de David?» De este modo surgió el desacuerdo entre la gente por Él. Y algunos de ellos querían apresarlo, pero nadie puso en él la mano.

Y vinieron los soldados a los príncipes de los sacerdotes y fariseos y les dijeron los sacerdotes: «¿Por qué no lo habéis traído?» Dijeron los soldados: «Nunca ha hablado un hombre así como habla este hombre». Les dijeron los saduceos: «¿Acaso vosotros también habéis sido seducidos? ¿Acaso alguien de los jefes o de los fariseos ha creído en Él, excepto estas gentes que ignoran la ley, que están maldecidos?» Les dijo Nicodemo, uno de aquellos que vino a Jesús de noche: «¿Acaso nuestra ley juzga a un hombre sin antes oírle a él mismo y conocer lo que hace?»

Respondieron y le dijeron: «¿Acaso eres tú de Galilea? Examina y ve que de Galilea no sale ningún profeta». Pero, reunidos los fariseos, Jesús les preguntó diciendo: «¿Qué decís del Mesías?, ¿de quién es hijo?» Le dijeron: «Hijo de David». Les dijo: «¿Cómo, entonces, David en el Espíritu Santo le llama Señor, pues dice:

Dijo el Señor a mi Señor,
siéntate a mi derecha
hasta que ponga a tus enemigos debajo de tus pies?»

Si, pues, David, le llama Señor, ¿cómo es su hijo?» Y nadie le pudo responder; ni se atrevió nadie desde ese día a preguntarle de otras cosas.

CUANDO ME LEVANTÉIS ME CONOCERÉIS

Y de nuevo Jesús les habló diciendo: «Yo soy la luz del mundo; por tanto, el que me sigue no anda en tinieblas, sino que encontrará la luz de la vida». Le dijeron los fariseos: «Tú das testimonio de ti mismo; tu testimonio no es auténtico». Respondió Jesús y les dijo: «Si yo doy testimonio de mí mismo, mi testimonio es auténtico, porque sé de dónde vine y a dónde voy: pero vosotros no sabéis de dónde vine ni a dónde voy. Pues vosotros juzgáis con juicio material; pero yo no juzgo a nadie. Y si juzgo mi juicio es auténtico, porque no estoy solo, sino yo y el que me envió, mi Padre. Y en vuestra Ley está escrito que el testimonio de dos hombres es auténtico. Yo soy el que da testimonio de mí mismo y da testimonio de mí el que me envió, mi Padre».

Le dijeron: «¿Dónde está tu Padre?» Respondió Jesús y les dijo: «A mí no me conocéis ni a mi Padre, pues si me conocierais a mí conoceríais a mi Padre». Estas palabras habló Jesús en el tesoro cuando enseñaba en el templo; y nadie le prendió porque aún no había llegado su hora. Les dijo nuevamente Jesús:

«Yo me marcho ciertamente, y me buscaréis y no me encontraréis, y moriréis en vuestros pecados. Y donde yo voy vosotros no podéis venir». Dijeron los judíos: «¿Acaso se va a suicidar que dice: donde yo voy vosotros no podéis venir?» Les dijo: «Vosotros sois de aquí abajo, yo soy de arriba; vosotros sois de este mundo, pero yo no soy de este mundo. Os lo he dicho: moriréis en vuestros pecados: si no creéis que yo soy, moriréis en vuestros pecados». Dijeron los judíos: «¿Y tú quién eres?» Les dijo Jesús: «Comencé a hablaros y tengo muchas cosas que decir de vosotros, y juzgar, pero el que me envió es veraz: y yo las cosas que oí de Él hablo al mundo». Y no entendieron que con esto se refería al Padre. Les dijo otra vez Jesús: «Cuando levantéis al Hijo del hombre, entonces conoceréis que yo soy, y no hago nada por mí mismo, sino como me enseñó mi Padre así hablo. Y el que me envió está conmigo, pues mi Padre no me deja solo, porque yo hago siempre lo que le agrada». Diciendo estas cosas muchos creyeron en Él.

EL HIJO OS HACE LIBRES

Y dijo Jesús a los judíos que creyeron en Él: «Si permanecéis en mis palabras seréis verdaderos discípulos míos, y conoceréis la verdad, y la verdad os hará libres». Le dijeron: «Somos descendientes de Abrahán y a nadie hemos servido nunca como esclavos: ¿cómo, pues, dices: seréis hijos libres?» Les dijo Jesús: «En verdad, en verdad os digo: Todo el que hace el pecado es esclavo del pecado. Pero el esclavo no permanece en casa por siempre: el hijo permanece para siempre. Por tanto, si el Hijo os hace libres, seréis verdaderamente hijos libres. Yo sé que sois descendientes de Abrahán, pero pretendéis matarme porque no dais cabida a mi palabra. Pero yo hablo lo que vi a mi Padre y vosotros hacéis lo que habéis visto a vuestro padre».
Respondieron y le dijeron: «Nuestro padre es Abrahán». Les dijo Jesús: «Si fueseis hijos de Abrahán haríais las obras de

Abrahán. Ahora bien, me buscáis para matarme, a un hombre que os ha dicho la verdad que oyó de Dios: Esto no lo hizo Abrahán. Vosotros, en cambio, hacéis las obras de vuestro padre». Le dijeron: «Nosotros no hemos nacido de fornicación: tenemos un padre que es Dios». Les dijo Jesús: «Si Dios fuera vuestro Padre me amaríais también a mí. Yo salí del Padre y descendí, no vine por mí mismo, sino que Él me envió. ¿Por qué, entonces, no conocéis mi palabra?; porque vosotros no podéis oír mi palabra. Vosotros tenéis como padre al diablo[31] y queréis hacer el deseo de vuestro padre, que es homicida desde el principio, y no permanece en la verdad porque en él no está la verdad; y cuando dice la mentira habla de sí mismo, porque es mendaz y padre de la mentira. Y yo, que hablo en la verdad, no me creéis. ¿Quién de vosotros puede echarme en cara un pecado? Y si digo la verdad, vosotros no me creéis. El que es de Dios oye las palabras de Dios. Por eso no oís vosotros porque no sois de Dios». Respondieron los judíos y le dijeron: «¿No decimos bien que eres samaritano y tienes el demonio?» Les dijo Jesús: «Yo ciertamente no tengo el demonio, sino que honro a mi Padre y vosotros me deshonráis a mí. Yo no busco mi gloria: hay aquí quien la busca y juzga».

---

[31] El códice árabe dice el difamado.

CAPÍTULO XXXVI

CREO, SEÑOR

JESÚS PROMETE LA INMORTALIDAD

Jesús dijo a los judíos: «En verdad, en verdad os digo: El que guarde mis palabras no verá nunca la muerte». Le dijeron los judíos: «Ahora conocemos que tienes el demonio. Abrahán murió y los profetas, y tú dices: ¿El que guarde mis palabras no gustará la muerte jamás? ¿Acaso eres tú más que nuestro padre Abrahán que murió y que los profetas que murieron? ¿Quién te haces a ti mismo?» Les dijo Jesús: «Si yo me glorifico a mí mismo mi gloria no es nada: es mi Padre el que me glorifica, de quien vosotros decís: es nuestro Dios; pero no le conocéis: pero yo lo conozco; y si dijera que no le conozco, sería semejante a vosotros, un mentiroso. Pero lo conozco y guardo sus palabras. Abrahán vuestro padre suspiró con ardiente deseo por ver mi día: y vio y se alegró». Le dijeron los judíos: «¿No tienes todavía cincuenta años y viste a Abrahán?» Les dijo Jesús: «En verdad, en verdad os digo: Antes que fuese creado Abrahán, yo soy». Y agarraron piedras para apedrearlo; pero Jesús se escondió y salió del templo, y pasando por medio de ellos se marchó.

CURACIÓN DEL CIEGO DE NACIMIENTO

Y cuando pasaba vio a un hombre ciego desde el vientre de su madre; y le preguntaron sus discípulos: «Maestro, ¿quién pecó, éste o sus padres para que naciera ciego?» Les dijo Jesús: «Ni éste pecó, ni sus padres, sino para que se manifiesten las obras de Dios en él. Yo tengo que hacer las obras del que me ha enviado, mientras es de día: vendrá la noche y ningún hombre podrá trabajar a su gusto. Mientras estoy en el mundo, yo soy la luz del mundo». Y cuando dijo esto escupió sobre el suelo, e hizo barro con la saliva y la untó sobre los ojos del hombre ciego y le dijo: «Ve y lávate en los baños de Siloé». Se marchó, pues, se lavó y vino viendo. Pero sus vecinos que antes le habían visto mendigar decían: «¿No es éste el que se sentaba a mendigar?» Unos decían: «El mismo». Pero otros decían: «De ninguna manera, sino que le es muy semejante». Dijo él: «Que soy yo». Le dijeron: «¿Cómo, entonces, se han abierto tus ojos?» Respondió y les dijo: «Un hombre, que se llama Jesús, hizo barro y untó sobre mis ojos y me dijo: «Ve y lávate en el agua de Siloé». Y fui, me lavé y vi». Le dijeron: «¿Dónde está él?» Dijo: «No lo sé».

Y llevaron ante los fariseos al que había sido ciego. Pues el día en que Jesús hizo barro y abrió sus ojos era sábado. Y de nuevo le interrogaron los fariseos: «¿Cómo viste?» Les dijo: «Puso barro sobre mis ojos, me lavé y vi». Dijeron algunos de los fariseos: «Este hombre no es de Dios porque no cumple el sábado». Otros decían: «¿Cómo puede un hombre pecador hacer estos signos?» Y se hizo un gran cisma entre ellos. Y de nuevo dijeron al ciego: «¿Qué dices tú de aquel que te abrió los ojos?» Les dijo: «Que es un Profeta». Y no creyeron los judíos de él que hubiera sido ciego y viera hasta que llamaron a los padres del que veía; y les preguntaron: «¿Es éste vuestro hijo de quien decís que nació ciego? ¿Cómo, pues, ve ahora?» Respondieron sus padres y dijeron: «Nosotros sabemos que éste es nuestro hijo y que nació ciego; pero cómo ve ahora o quién abrió sus ojos no sabemos:

preguntadle a él mismo, ya ha llegado a la edad varonil[32] y que él mismo hable de sí».

Sus padres dijeron esto porque tenían miedo a los judíos; pues habían decretado los judíos que si alguien confesaba que Él era el Mesías sería expulsado de la sinagoga. Por esto dijeron sus padres: «Ha llegado a la edad varonil, preguntadle a él mismo». Y de nuevo llamaron al que había sido ciego y le dijeron: «Da gloria a Dios: nosotros sabemos que este hombre es pecador». Respondió y les dijo: «Si es pecador no lo sé: una cosa sé, que siendo ciego ahora veo». De nuevo le dijeron: «¿Qué te hizo? ¿Cómo abrió tus ojos?» Les dijo: «Os lo dije y no creísteis: ¿qué queréis oír de nuevo? ¿también vosotros queréis haceros discípulos suyos?» Y lo despreciaron y le dijeron: «Tú serás discípulo de él, pero nosotros somos discípulos de Moisés: Pues sabemos que Dios habló a Moisés, pero éste no sabemos de dónde es». Respondió aquel hombre y les dijo: «Pues esto es lo asombroso, que vosotros no sabéis de dónde es y abrió mis ojos: y nosotros sabemos que Dios no oye a los pecadores, sino al que le teme y cumple su voluntad, a éste oye. Nunca se ha oído que alguien abriera los ojos de un ciego nacido en la ceguera. Si, pues, este hombre no fuera de Dios, no podría hacer esto». Respondieron y le dijeron: «¿Naciste totalmente empecatado, y tú nos enseñas?» Y lo echaron fuera.

Se enteró Jesús de su expulsión y encontrándolo le dijo: «¿Crees tú en el Hijo de Dios?» Respondió el que había sido curado y dijo: «¿Quién es, Señor, para que crea en él?» Le dijo Jesús: «Lo has visto, el que te habla, ése es». Dijo: «Creo, Señor». Y arrodillándose le adoró.

---

[32] A los trece años y un día, con la fiesta de Bar-Mizvah el niño judío adquiere todos los derechos y obligaciones de los adultos en la sinagoga.

CAPÍTULO XXXVII

NUESTRO AMIGO LÁZARO DUERME

JESÚS, JUEZ DEL MUNDO

Y dijo Jesús: «He venido a juzgar al mundo para que los que no ven vean y los que ven se vuelvan ciegos». Y oyeron esto algunos de los fariseos que estaban con Él y le dijeron: «¿Acaso nosotros somos ciegos?» Les dijo Jesús: «Si fueseis ciegos ciertamente no tendríais pecado; pero ahora decís: nosotros vemos; y por esto vuestro pecado permanece».

EL BUEN PASTOR DEL REBAÑO DE DIOS

«En verdad, en verdad os digo: El que no entra por la puerta en el redil de las ovejas, sino que sube de otra parte, ése es salteador y ladrón. El que entra por la puerta ése es el pastor de las ovejas. Y a éste el portero le abre la puerta y las ovejas oyen su voz y llama por su nombre a las ovejas propias y salen tras él. Y cuando ha sacado a las propias, va delante de ellas y sus ovejas le siguen y conocen su voz. Y las ovejas no siguen a un extraño, sino que huyen de él, porque no oyen la voz del extraño». Les dijo Jesús este proverbio, pero ellos no entendieron lo que les decía.

Jesús les dijo de nuevo: «En verdad, en verdad os digo: Yo soy la puerta de las ovejas. Pues todos cuantos vinieron son salteadores y ladrones; pero por otra parte, las ovejas no los escucharon. Yo soy la puerta; si alguien entra por mí vivirá, entrará y saldrá y encontrará pastos. Pero el ladrón no viene sino a robar, matar y destruir. Yo ciertamente vine para que tengan vida y tengan lo mejor. Yo soy el buen pastor. Y el buen pastor da su vida por sus ovejas. Pero el mercenario, que no es pastor y a quien no pertenecen las ovejas, cuando ve venir al lobo deja las ovejas y huye, y el lobo viene, las arrebata y dispersa. Ahora bien, el mercenario huye porque es mercenario y no le preocupan las ovejas. Yo soy el buen pastor y conozco a las mías y las mías me conocen. Como me conoce mi Padre yo conozco a mi Padre y doy mi vida por mis ovejas. Y también tengo otras ovejas que no son de este redil; y tengo que llamarlas y oirán mi voz y se hará un solo rebaño y un solo pastor. Por esto me ama el Padre, porque yo doy mi vida para tomarla de nuevo. Nadie me la quita, sino que la doy voluntariamente y tengo poder para darla y tengo poder para tomarla de nuevo; este mandato recibí de mi Padre».

Y se hizo una gran disensión entre los judíos por estas palabras. Y muchos de ellos decían: «Tiene un demonio, padece una enfermedad epiléptica[33]. ¿Por qué calláis delante de Él?» Y otros decían: «Estas palabras no son de los que tienen el demonio. ¿Acaso el demonio puede abrir los ojos de los ciegos?»

YO Y EL PADRE SOMOS UNO

Y llegó la fiesta de la Dedicación en Jerusalén; y era invierno. Y Jesús se paseaba por el templo, en el pórtico de Salomón. Y le rodearon los judíos y le dijeron: «¿Hasta cuándo vas a angustiar nuestros corazones? Si tú eres el Mesías, dínoslo abiertamente». Respondió y les dijo: «Os lo dije y no creéis: las obras que yo hago en nombre de mi Padre, ellas mismas dan testimonio de mí; pero vosotros no creéis porque no sois de mis ovejas.

---

[33] Literalmente el documento árabe dice *epilepsia*.

Como ya os dije: Mis ovejas oyen mi voz, y yo las conozco y ellas me siguen, y yo les doy la vida eterna y no perecerán eternamente y nadie las arrebatará de mi mano. Pues el Padre que me las ha dado es más grande que todos y nadie puede quitarlas de la mano de mi Padre. Yo y el Padre somos uno». Y los judíos trajeron piedras para apedrearlo. Les dijo Jesús: «Muchas obras buenas os he mostrado de mi Padre, ¿por cuál de ellas me apedreáis?» Le dijeron los judíos: «No te apedreamos por las buenas obras, sino porque blasfemas, y siendo hombre, te haces Dios». Les dijo Jesús: «¿No está así escrito en vuestra ley: yo dije, sois dioses? Y si él los llamó dioses porque a ellos vino la palabra de Dios y nada puede fallar en la escritura, ¿El que el Padre santificó y envió al mundo, decís vosotros que blasfema porque os dije: «soy Hijo de Dios»? Por tanto, si no hago las obras de mi Padre no me creáis. Pero si las hago, si no me creéis, creed a las obras para que conozcáis y creáis que mi Padre está en mí y yo en mi Padre». Y pretendieron de nuevo apresarlo; y se escapó de sus manos.

LA ENFERMEDAD DE UN AMIGO

Y marchó más allá del Jordán a un lugar donde Juan había estado bautizando al principio y se quedó allí; y muchos vinieron a Él y decían: «Juan no hizo ni un solo signo. Por consiguiente todas las cosas que dijo Juan de este hombre son verdaderas». Y muchos creyeron en Él.

Y había un cierto enfermo, llamado Lázaro, del pueblo de Betania, hermano de Marta y María. Y María es aquella que ungió con perfumes los pies de Jesús, y los secó con sus cabellos, cuyo hermano Lázaro estaba enfermo. Sus hermanas enviaron a decir a Jesús: «Señor, he aquí que el que amas está enfermo». Pero dijo Jesús: «Esta enfermedad no es para muerte, sino para la gloria de Dios, para que el Hijo de Dios sea glorificado por ella». Y Jesús amaba a Marta, a María y a Lázaro. Y cuando oyó que estaba enfermo, se quedó en el lugar donde estaba dos días.

Y después de esto dijo a sus discípulos: «Venid, vayamos a Judea». Le dijeron sus discípulos: «Maestro, hace poco querían los judíos apedrearte, y vuelves de nuevo allí?» Les dijo Jesús: «¿No son doce las horas del día? Si alguien anda de día no tropieza, porque ve la luz del mundo; pero si alguien anda de noche tropieza, porque no tiene lámpara». Jesús dijo estas cosas y después les dijo: «Nuestro amigo Lázaro duerme, y voy para despertarlo del sueño». Le dijeron sus discípulos: «Señor, si duerme, se recuperará». Jesús había dicho esto de su muerte; pero ellos pensaron que hablaba del descanso del sueño. Entonces Jesús les dijo claramente: «Lázaro se ha muerto, y me alegro de no haber estado allí por vosotros, para que creáis; pero vayamos allí. Thauma[34], que es llamado Tomás, dijo a sus condiscípulos: «Vayamos nosotros también para que muramos con él».

---

[34] Thauma, en siríaco, significa Mellizo.

CAPÍTULO XXXVIII

EL MÁS PROVOCADOR DE LOS MILAGROS

JESÚS RESUCITA A LÁZARO

Jesús, pues, llegó a Betania y se encontró que llevaba ya cuatro días en el sepulcro. Y Betania estaba cerca de Jerusalén y distaba de ella quince estadios[35]. Y muchos de los judíos habían venido a casa de Marta y María para consolar sus corazones por su hermano. Y Marta, cuando oyó que Jesús venía, salió a su encuentro. María, por el contrario, se quedó sentada en casa. Y dijo Marta a Jesús: «Si hubieras estado aquí, mi hermano no hubiera muerto; pero yo sé ahora que cualquier cosa que pidas a Dios, él te la dará». Le dijo Jesús: «Tu hermano resucitará». Le dijo Marta: «Yo sé que resucitará en la resurrección, en el último día». Le dijo Jesús: «Yo soy la resurrección y la vida: el que cree en mí, aunque haya muerto, vivirá; y todo el que vive y cree en mí no morirá eternamente. ¿Crees esto?» Le dijo: «Sí, Señor, yo creo que tú eres el Mesías hijo de Dios, que ha venido al mundo».

Y cuando dijo estas cosas, se marchó y llamó a María su hermana en secreto y le dijo: «El Maestro viene y te llama». Y María, en cuanto oyó esto, se levantó rápidamente y vino a Él; todavía no había entrado en el pueblo Jesús, sino que estaba en el lugar donde le había salido al encuentro Marta. Y los judíos

---

[35] La palabra árabe significa una distancia indefinida.

que estaban con ella en casa para consolarla, cuando vieron a María levantarse deprisa y marchar, la siguieron, pensando que iría al sepulcro a llorar. Y cuando llegó María donde estaba Jesús y lo vio, se echó a sus pies y le dijo: «Señor, si hubieras estado aquí no hubiera muerto mi hermano». Y Jesús vino y cuando la vio llorando y a los judíos que estaban con ella llorando se conmovió y suspiró y dijo: «¿Dónde lo habéis puesto?» Le dijeron: «Señor, ven y ve». Y se derramaron las lágrimas de Jesús. Y los judíos dijeron: «Mirad cuánto lo amaba». Pero algunos de ellos dijeron: «¿No pudo éste, que abrió los ojos del ciego, hacer que éste no muriera?» Y Jesús, conmovido, llegó al sepulcro; el sepulcro era una cueva y en su puerta había sido puesta una piedra. Dijo Jesús: «Quitad esa piedra». Le dijo Marta, la hermana del que había muerto: «Señor, ya huele, pues lleva cuatro días muerto». Le dijo Jesús: «¿No te he dicho: si crees, verás la gloria de Dios?» Y removieron la piedra; y Jesús elevando los ojos a lo alto dijo: «Padre mío, te doy gracias porque me has oído. Yo sé, ciertamente, que siempre me oyes, pero te dije esto por estas gentes que están aquí, para que crean que tú me has enviado». Habiendo dicho esto gritó con gran voz: «Lázaro, sal fuera». Y salió el muerto, atados los pies y vendadas las manos y con la cara envuelta en un sudario. Les dijo Jesús: «Soltadlo y dejadle marchar».

Y muchos de los judíos que habían venido a casa de María, viendo lo que había hecho Jesús, creyeron en Él. Pero algunos de ellos fueron a los fariseos y les contaron todo lo que había hecho Jesús.

CAIFÁS EL PROFETA

Y los jefes de los sacerdotes y fariseos se reunieron y dijeron: «¿Qué hacemos, porque he aquí que este hombre, hace muchos signos? Si lo dejamos así todos creerán en Él. Y vendrán los romanos y tomarán nuestra región y nuestro pueblo».

Y uno de ellos que se llamaba Caifás, que era Pontífice aquel año les dijo: «Vosotros no sabéis nada, y no pensáis que nos conviene que muera un hombre por el pueblo y que no perezca toda la gente». Y esto no lo dijo de sí mismo; pero como era Pontífice aquel año, profetizó que Jesús moriría por el pueblo, y no solamente por el pueblo, sino para reunir a todos los hijos de Dios que estaban dispersos. Y desde ese día pensaron matarle.

JESÚS SE RETIRA A EFRAÍN

Y Jesús no andaba públicamente ante los judíos, sino que partió de allí a un lugar cerca del desierto, a una ciudad llamada Efraín; e iba allí frecuentemente con sus discípulos. Y estaba próxima la Pascua de los judíos; y subieron muchos de los pueblos a Jerusalén para purificarse. Y buscaban a Jesús y se decían unos a otros en el templo: «¿Qué pensáis de su tardanza para la fiesta?» Y los jefes de los sacerdotes y los fariseos habían decretado que si alguien sabía dónde estaba se lo revelara a ellos para prenderlo.

LOS SAMARITANOS LE NIEGAN EL HOSPEDAJE

Y cuando se cumplieron los días de la subida, se preparó para ir a Jerusalén. Y mandó mensajeros ante él, y marcharon y entraron en una ciudad de Samaria para prepararle el hospedaje. Y no le recibieron porque Él estaba dispuesto a ir a Jerusalén. Y viendo esto sus discípulos Santiago y Juan le dijeron: «Señor, ¿quieres que digamos que descienda fuego del cielo y los extermine, como hizo también Elías?» Y Jesús se volvió y los increpó, diciendo: «No sabéis de qué espíritu sois. En verdad el Hijo del hombre no ha venido para destruir las vidas, sino para salvarlas». Y se fueron a otra ciudad.

CAPÍTULO XXXIX

LA ÚLTIMA VISITA A JERUSALÉN

LÁZARO Y JESÚS, INVITADOS A COMER

Y Jesús, seis días antes de la Pascua, vino a Betania donde estaba Lázaro, a quien había resucitado de entre los muertos. Y se le hizo allí una comida, y Marta servía; y Lázaro era uno de los que se sentaban a la mesa con El. Y cuando estaba Jesús en Betania en casa de Simón el leproso, una gran multitud de judíos oyeron que Jesús estaba allí, y vinieron no sólo por Jesús, sino para ver a Lázaro a quien resucitó de entre los muertos. Pero los príncipes de los sacerdotes pensaron que podían matar a Lázaro, porque muchos judíos se les iban y creían en Jesús.

UNGIDO PARA LA SEPULTURA

Y María tomó una libra de perfume de nardo, muy costoso, y lo abrió y lo derramó sobre la cabeza de Jesús que estaba sentado a la mesa; y ungió sus pies, y los secó con sus cabellos; y la casa se llenó con el olor del perfume. Y dijo uno de los discípulos, Judas Iscariote, que le había de entregar: «¿Por qué no se vendió este perfume en trescientos denarios para darlo a los pobres?» Dijo esto, no por su preocupación por los pobres, sino porque era ladrón, y como tenía la bolsa, él mismo llevaba cuanto se echaba en ella. Y el resto de los demás discípulos llevaron esto muy a mal dentro de sí mismos, y dijeron: «¿Con qué fin se ha perdido este perfume? Pues se podía haber vendido por mucho y darlo a los pobres». Y murmuraban de María. Y Jesús sabiendo esto les dijo: «Dejadla: ¿Por qué la molestáis? Ha hecho una buena obra conmigo: Lo ha guardado para el día de mi sepultura. Pues los pobres están siempre con vosotros y les podéis ayudar cuando queráis; pero yo no siempre estoy con vosotros. Por tanto, arrojando este perfume sobre mi cuerpo, lo hizo para mi sepultura, y se ha adelantado a ungir mi cuerpo. En verdad os digo: Dondequiera que se predique este Evangelio mío, en el mundo entero, se narrará lo que ha hecho ésta en memoria suya».

ENTRADA TRIUNFAL EN JERUSALÉN

Dicho esto salió Jesús a paso lento, para subir a Jerusalén. Y al llegar a Betfagé y Betania, cerca del monte, que se llama de los Olivos, envió Jesús dos de sus discípulos, diciéndoles: «Id al pueblo que está enfrente de vosotros, y cuando entréis en él, encontraréis una asna atada y un pollino con ella, sobre el que no ha montado todavía ningún hombre: desatadlos y traédmelos. Y si alguien os dijere: ¿Por qué los desatáis?, decidle así: Los buscamos para el Señor; y en seguida los devolverá aquí». Todo esto sucedió para que se cumpliera lo predicho por el profeta diciendo:

Decid a la hija de Sión:
He aquí que tu rey viene a ti,
humilde, y sentado en una asna,
y un pollino, hijo de asna.

En aquel tiempo no entendieron estas cosas sus discípulos; y después de que fue glorificado Jesús, se acordaron sus discípulos de que estas cosas estaban escritas de Él, y así se las hicieron. Fueron, pues, los discípulos y lo encontraron como les había dicho; e hicieron tal como Jesús les había mandado. Y cuando los soltaron les dijeron sus dueños: «¿Por qué los soltáis?» Les dijeron: «Los buscamos para nuestro Señor»; y les dejaron marchar. Y trajeron el asna y el pollino, y pusieron sus vestidos sobre el pollino; y Jesús se sentó encima. Y una gran muchedumbre echaba sus vestidos sobre la tierra delante de Él; y otros cortaban ramas de los árboles y las echaban al camino. Y cuando se acercaban a la bajada del monte de los Olivos comenzaron todos los discípulos a alegrarse y a alabar a Dios con gran voz por todas las maravillas que habían visto, diciendo: «Gloria en las alturas, gloria al Hijo de David; bendito el que viene en el nombre del Señor, y bendito el reino que viene de nuestro padre David; paz en el cielo y gloria en las alturas». Muchas gentes que habían venido a la fiesta, cuando se enteraron que llegaba Jesús a Jerusalén, tomaron ramas de palma y salieron a su encuentro y gritaban diciendo: «Alabanza, bendito el que viene en el nombre del Señor, Rey de Israel». Y algunos de los fariseos de entre la gente le dijeron: «Maestro, reprende a tus discípulos». Les dijo: «En verdad os digo: Si éstos callan gritarán las piedras».

JESÚS LLORA POR LA CIUDAD SANTA

Y cuando se acercó y vio la ciudad, lloró sobre ella, diciendo: «¡Ojalá hubieras conocido las cosas que son para tu paz en este día!; pero están escondidas a tus ojos. Te vendrán días en los que te cercarán tus enemigos y te estrecharán por todas partes y se apoderarán de ti y de tus hijos que estén dentro de ti y no dejarán en ti piedra sobre piedra, porque no has conocido el tiempo de tu visita».

ÉSTE ES EL PROFETA

Y cuando entró en Jerusalén toda la ciudad se conmovió diciendo: «¿Quién es éste?» Y la muchedumbre decía: «Este es Jesús, el profeta de Nazaret, de Galilea». Y la multitud que estaba con Él daba testimonio de que Él mismo había llamado a Lázaro del sepulcro y lo había resucitado de entre los muertos. Por esto muchas gentes salieron a su encuentro, porque oyeron el signo que había hecho.

CAPÍTULO XL

LOS SACERDOTES, ESCRIBAS Y FARISEOS

LAS ÚLTIMAS CURACIONES

Y cuando Jesús entró en el templo, le presentaron ciegos y cojos y los curó. Viendo, pues, los príncipes de los sacerdotes y los fariseos las maravillas que hacía y a los niños gritando en el templo y diciendo: «Alabanza al hijo de David», lo llevaron muy a mal y dijeron: «¿Oyes lo que están diciendo éstos?» Les dijo Jesús: «Sí, ¿nunca leísteis que de la boca de los niños e infantes has escogido mi alabanza?» Así, pues, los fariseos se dijeron unos a otros: «¿Pero no veis que esto no nos aprovecha nada? Pues, he aquí, que toda la gente le sigue».

UNOS GENTILES HABLAN CON JESÚS

Y había entre ellos algunos gentiles que habían subido para la adoración en el día de la fiesta. Estos, pues, se acercaron a Felipe que era de Betsaida de Galilea y le rogaron diciéndole: «Señor, queremos ver a Jesús». Vino Felipe y se lo dijo a Andrés; y Andrés y Felipe se lo dijeron a Jesús.

Pero Jesús respondió y les dijo: «Está cerca la hora en la que va a ser glorificado el Hijo del hombre. En verdad, en verdad os digo: Si el grano de trigo no cae en tierra y se muere, él mismo permanece solo; pero si muere produce mucho fruto. El que ame su vida la perderá y el que odie su vida en este mundo, la guarda para la vida eterna. Si alguno me sirve que me siga y donde yo estoy allí estará mi servidor. Y al que me sirva lo honrará el Padre. Ahora bien, mi alma está turbada. ¿Y qué diré? Padre mío, sálvame en esta hora. Pero si por esto he llegado a esta hora. Padre mío, glorifica tu nombre». Y se oyó una voz del cielo: «Lo he glorificado y lo glorificaré totalmente». Y la gente que estaba allí oyó y dijo: «Esto es un trueno». Otros decían: «Le ha hablado un ángel».

Respondió Jesús y les dijo: «Esta voz no ha venido por mí, sino por vosotros. Ahora es el juicio de este mundo y el príncipe de este mundo será ahora arrojado fuera. Y yo cuando sea levantado sobre la tierra atraeré a todos los hombres hacia mí». Esto lo dijo para dar a entender de qué muerte iba a morir. Le dijeron las multitudes: «Nosotros hemos oído por la ley que el Mesías permanecerá eternamente: ¿Cómo, pues, dices que el Hijo del hombre será levantado? ¿Quién es este Hijo del hombre?» Les dijo Jesús: «Todavía habrá por un poco de tiempo luz en vosotros. Caminad mientras tenéis luz para que no se apoderen de vosotros las tinieblas; el que anda en tinieblas no sabe adónde va. Mientras tenéis luz creed en la luz para que seáis hijos de la luz».

ENSEÑABA EN EL TEMPLO

Y cuando algunos de los fariseos preguntaron a Jesús: «¿Cuándo vendrá el reino de Dios?», respondió y les dijo: «El reino de Dios no vendrá con expectación. No dirán: Mirad, está aquí o mirad, está allí».

Por el día enseñaba en el templo; pero por la noche salía y pernoctaba en el monte que se llama de los Olivos. Y toda la gente iba antes que Él al templo para escuchar su palabra.

Entonces habló Jesús a las multitudes y a sus discípulos diciéndoles: «Sobre la cátedra de Moisés se han sentado los escribas y los fariseos. Por consiguiente, todas las cosas que os digan que observéis y guardéis hacedlas; pero no hagáis según sus obras; hablan, pero no hacen. Y ellos imponen graves cargas y las colocan sobre los hombros de los hombres; pero ni uno de sus dedos quieren mover hacia ellas. Y hacen todas sus obras para ser vistos por los hombres».

Toda la multitud oía esto con alegría. Y en su enseñanza les decía: «Cuidaos de los escribas, que quieren pasear con capas, y les gusta ser saludados por las plazas y ocupar los primeros puestos en las sinagogas y los primeros asientos en los banquetes; y dilatan sus filacterias y alargan las orlas de sus mantos, y les gusta que los hombres les llamen maestro. Devoran las casas de las viudas con el pretexto de largas oraciones; éstos en verdad recibirán un mayor juicio. Pero vosotros no os llaméis maestros, pues uno es vuestro Maestro; y vosotros todos sois hermanos. Y no os llaméis padre; pues uno es vuestro Padre que está en los cielos. Ni tampoco os llaméis moderadores porque vuestro moderador es uno, el Mesías. El que sea el mayor entre vosotros será vuestro servidor. El que se exalte será humillado y el que se humille será exaltado».

AYES LASTIMEROS LLENOS DE AMOR

«¡Ay de vosotros, fariseos, que buscáis los primeros puestos en las sinagogas y los saludos en las plazas!

»¡Ay de vosotros, escribas y fariseos, hipócritas, que devoráis las casas de las viudas con vuestras prolijas oraciones: por ello recibiréis un mayor juicio!

»¡Ay de vosotros, escribas y fariseos, hipócritas, que cerráis el reino de Dios ante los hombres!

»¡Ay de vosotros, legistas, que habéis escondido las llaves de la ciencia: vosotros no entráis, ni dejáis entrar a los que están entrando!

»¡Ay de vosotros, escribas y fariseos, hipócritas, que rondáis cielo y tierra para conseguir un prosélito, y cuando lo habéis conseguido, lo hacéis hijo de la gehenna el doble que vosotros!

»¡Ay de vosotros, guías ciegos, que decís: «Si cualquiera jura por el templo, eso es nada; pero si jura por el oro que está en el templo, es reo»! Ciegos tontos, ¿qué es más, la oblación sobre el altar o lo que santifica la oblación? Así, pues, el que jura por el altar jura por él y por todas las cosas que están sobre él; y el que jura por el templo, jura por él y por aquel que habita en el mismo; y el que jura por el cielo, jura por el trono de Dios y por aquel que se sienta sobre él.

»¡Ay de vosotros, escribas y fariseos, hipócritas, que pagáis el diezmo de la menta, de la ruda, del aneto y del comino y de las hierbas y dejáis las cosas más graves de la ley: el juicio y la misericordia, y la fe y el amor de Dios; hay que hacer estas cosas y no omitir aquéllas! ¡Guías ciegos que coláis un mosquito y os tragáis un camello!

»¡Ay de vosotros, escribas y fariseos, hipócritas, que laváis el exterior del vaso y de la fuente; pero por dentro están llenos de maldad e injusticia! ¡Fariseos ciegos, limpiad primero el interior del vaso y de la fuente y su exterior será también limpio!

»¡Ay de vosotros, escribas y fariseos, hipócritas, que sois semejantes a los sepulcros blanqueados, que aparecen hermosos por fuera, pero por dentro están llenos de huesos de muerto y toda clase de inmundicia! Así también vosotros aparecéis por fuera a los hombres como justos y por dentro estáis llenos de maldad e hipocresía».

Respondiendo uno de los escribas le dijo: «Maestro, con este sermón tuyo nos haces un reproche».

Dijo: «Y a vosotros, escribas, ¡ay!, que cargáis a los hombres con cargas graves y vosotros mismos ni con un dedo vuestro tocáis esas cargas.

»¡Ay de vosotros, escribas y fariseos, hipócritas, que habéis edificado los sepulcros de los profetas que mataron vuestros padres y adornáis los monumentos de los justos. Y decís: «Si hubiéramos vivido en tiempo de nuestros padres no hubiéramos sido partícipes con ellos en la sangre de los profetas». He aquí, pues, que dais testimonio contra vosotros mismos, que sois hijos de aquellos que mataron a los profetas; y vosotros habéis llenado la medida de vuestros padres. Serpientes e hijos de víboras, ¿adónde huiréis del juicio de la gehenna?

CAPÍTULO XLI

ÚLTIMOS DISCURSOS Y PROFECÍAS

CAERÁ SOBRE VOSOTROS LA SANGRE DE ABEL

Dijo Jesús a los judíos: «Por tanto, he aquí que yo, sabiduría de Dios, os envío profetas y apóstoles, y sabios y escribas y a algunos de ellos mataréis y crucificaréis, y los flagelaréis en vuestras sinagogas y los perseguiréis de ciudad en ciudad; hasta que caiga sobre vosotros toda la sangre de los justos, que fue derramada sobre la tierra, desde la sangre del inocente Abel hasta la sangre de Zacarías, hijo de Baraquías, a quien matasteis entre el templo y el altar. En verdad os digo: todas estas cosas recaerán sobre esta generación.»

AMOR DE JESÚS A JERUSALÉN

«¡Jerusalén Jerusalén, que matas a los profetas y apedreas a aquellos que te fueron enviados! ¿Cuántas veces quise reunir a tus hijos como la gallina reúne a sus polluelos bajo sus alas y no has querido? Os dejarán vuestra casa desierta. En verdad os digo: No me veréis más hasta que digáis: bendito el que viene en el nombre del Señor».

MUCHOS JEFES CREYERON EN ÉL

Y muchos de los jefes creyeron en Él; pero no lo confesaban por los fariseos, para que no los expulsaran de la sinagoga. Pues amaban más la gloria de los hombres que la gloria de Dios. Y Jesús gritó y dijo: «El que cree en mí, no cree en mí, sino en el que me envió. Y el que me ve a mí, ve al que me envió. Yo he venido como luz del mundo, pues todo el que cree en mí no permanece en tinieblas. Y el que oiga mis palabras y no las guarde, yo no lo juzgo; no he venido a juzgar al mundo, sino a salvar al mundo. El que me desprecia y no recibe mis palabras tiene quien lo juzgue: La palabra que yo he pronunciado ella le juzgará en el último día. Yo no hablo por mí mismo, sino el Padre que me envió: Él me dio un mandato sobre lo que tengo que decir y hablar; y yo sé que su mandato es vida eterna. Pues las cosas que yo hablo, como me dijo mi Padre, así las digo».

INDIGNACIÓN DE ESCRIBAS Y FARISEOS

Pero cuando les decía estas cosas comenzaron los escribas y fariseos a indignarse en su malicia y a encontrar falta en sus palabras y a enojarle en muchas cosas, buscando pillarle en algo de su boca para poderle acusar.

Y reuniéndose muchas gentes hasta el punto de pisar casi unos a otros comenzó Jesús a decir a sus discípulos: «Cuidaos del fermento de los fariseos, que es la hipocresía. Pues nada hay oculto que no sea revelado, ni escondido que no se conozca. Todas las cosas que habéis dicho en la oscuridad se oirán en la luz y lo que habéis susurrado a los oídos en las habitaciones, se predicará sobre los tejados».

JESÚS SE ESCONDIÓ DE ELLOS

Estas cosas dijo Jesús; y se marchó y se escondió de ellos. Y aunque hizo todos estos signos delante de ellos, no creyeron en Él, para que se cumpliera la palabra del profeta Isaías que dijo:

Señor, ¿quién ha creído para oírnos?,
y el brazo del Señor, ¿a quién se le reveló?

Por esto no podían creer, porque también dijo Isaías:

Ciega sus ojos y trae oscuridad a sus corazones;
para que no vean con los ojos
y comprendan con su corazón,
y se conviertan y los sane.

Estas cosas dijo Isaías cuando vio su gloria y habló de Él.

NO QUEDARÁ PIEDRA SOBRE PIEDRA

Y cuando salió Jesús del templo se acercaron algunos de sus discípulos y le mostraron las edificaciones del templo y su belleza y grandeza y la solidez de las piedras en él empleadas, y la elegancia de su estructura; y cómo estaba adornado con piedras preciosas y hermosos colores. Respondió Jesús y les dijo: «¿Veis estos grandes edificios? En verdad os digo: Vendrán ciertamente días y no quedará en ellos piedra sobre piedra, que no sea destruida».

LO BUSCAN PARA MATARLE

Y dos días antes de la pascua de los ázimos buscaban los sumos sacerdotes y escribas cómo detenerlo con engaño para matarlo. Pero decían: «No en la fiesta, no se agite el pueblo».

PREDICCIONES Y AVISOS

Y como estuviera sentado Jesús en el monte de los Olivos enfrente del templo, se acercaron a él Simón Cefas y Santiago, y Juan y Andrés y le dijeron en privado: «Maestro, dinos:¿Cuándo sucederán estas cosas?, y ¿cuál es el signo de tu venida y del fin del mundo?» Respondiendo Jesús les dijo: «Vendrán días cuando desearéis ver un día de los días del Hijo del hombre y no lo veréis. Cuidado, que nadie os seduzca: vendrán muchos en mi nombre diciendo: «Yo soy el Mesías», y dirán: «el tiempo está próximo»; y seducirán a muchos: no vayáis tras ellos. Así, pues, cuando oigáis guerras y rumores de sediciones, cuidado, no os alarméis; todo esto tiene que suceder primero, pero todavía no viene el fin. Se levantará nación contra nación y reino contra reino, habrá grandes terremotos por diversos lugares, y hambres y pestes y conmociones; habrá terrores y temblores y aparecerán grandes signos en el cielo y habrá grandes tormentas. Todas estas cosas son el inicio de diluvios.

»Y antes de todo esto os echarán las manos y os perseguirán y entregarán a las sinagogas y a las cárceles, os llevarán ante los reyes y gobernadores por mi nombre: todo esto os sucederá para que deis testimonio. Pero primeramente se ha de predicar mi Evangelio a todas las naciones. Y cuando os lleven a las sinagogas ante los jefes y las autoridades, no os preocupéis antes cómo responder o qué decir: no sois vosotros los que habláis, sino el Espíritu Santo. Grabad en vuestro corazón no premeditar lo que digáis: pues yo os daré inteligencia y sabiduría, a la que no podrán resistir todos vuestros adversarios.

»Entonces os entregarán a la tortura y os matarán y seréis odiados de todas las naciones por causa de mi nombre. Y entonces se escandalizarán muchos, y se tendrán odio unos a otros y se entregarán unos a otros a la muerte. Seréis entregados por padres y hermanos, y parientes y amigos y a algunos de vosotros os matarán; pero ni un bucle de los cabellos de vuestra cabeza perecerá. Con vuestra paciencia poseeréis vuestras almas.

»Y surgirán muchos pseudoprofetas y seducirán a muchos. Y por la abundancia de la iniquidad se debilitará la caridad de muchos; y el que perseverare hasta el fin se salvará. Y este Evangelio del reino será predicado en todo el mundo como testimonio para todas las naciones: y entonces vendrá el fin de todo.»

CAPÍTULO XLII

EL DESTINO DE LA CIUDAD SANTA

SE ACERCA LA DESOLACIÓN

«Y cuando veáis que Jerusalén es cercada por el ejército, sabed entonces que se acerca su desolación. En ese tiempo los que estén en Judea que huyan al monte, los que estén en medio de ella que huyan, y los que estén en el campo que no entren en ella: porque estos días son días de venganza para que se cumplan todas las cosas que están escritas.»

AVISOS IMPORTANTES

«Cuando veáis, pues, la abominable desolación, predicha en el profeta Daniel, estando en el lugar santo (que entienda el que lee), entonces los que estén en Judea que huyan a los montes y el que esté en el terrado no descienda ni entre a recoger algo en su casa: y el que esté en el campo que no vuelva atrás a por su manto. ¡Ay, de las que estén encinta y amamantando en aquellos días! Habrá gran angustia en la tierra e ira sobre este pueblo. Y caerán al filo de la espada y serán llevados cautivos a todas las regiones; y Jerusalén será pisoteada por los gentiles hasta que se cumpla el tiempo de los gentiles. Si alguien os dice entonces: «El Mesías está aquí, o mirad, está allí», no le creáis. Entonces surgirán pseudomesías y pseudoprofetas y harán signos y prodigios para engañar, si pudieran, hasta a los mismos elegidos. Por tanto tened cuidado, pues ya os predije todo esto. Si, pues, os dicen: «Mira, está en el desierto», no salgáis, no sea que seáis atrapados; y si os dicen: «Mira, está en la estancia de tu casa», no lo creáis. Pues de la misma manera que el relámpago se manifiesta en el Oriente y brilla hasta el Occidente, así será la venida del Hijo del hombre. Pero primero tiene que padecer muchas cosas y ser reprobado por esta generación. Orad, pues, para que vuestra huida no sea en invierno o en sábado.

»Entonces habrá tan gran tribulación que no ha habido igual desde el principio del mundo hasta ahora, ni la habrá. Y al menos que el Señor abrevie esos días no se salvaría nadie, pero por los elegidos que Él escogió acortará esos días. Y habrá signos en el sol y en la luna y en las estrellas y en la tierra angustia de las gentes y fricción de manos por el rugido del oleaje del mar y de los terremotos. Morirán los hombres por el miedo que sobrevendrá a la tierra. Pero en aquellos días, inmediatamente después de la tribulación de esos días, el sol se oscurecerá, la luna no dará su luz, y se caerán las estrellas del cielo y se conmoverán las fuerzas de los cielos; y entonces aparecerá el signo del Hijo del hombre en el cielo: y entonces se lamentarán todas las naciones de la tierra y mirarán al Hijo del hombre viniendo sobre las nubes del cielo, con gran poder y majestad. Y enviará a sus ángeles con la gran trompeta y reunirán a sus elegidos de los cuatro vientos, desde un extremo del cielo hasta su fin. Pero cuando comiencen a suceder estas cosas, estad alegres y levantad vuestras cabezas, porque se acerca vuestra redención».

ESTAD VIGILANTES

«Aprended del ejemplo de la higuera: pues cuando sus ramas son tiernas y echa las hojas vosotros sabéis que el verano ha llegado; así cuando veáis que estas cosas comienzan a suceder, sabed que el reino de Dios está a la puerta. En verdad os digo:

que no pasará esta generación sin que ocurra todo esto. El cielo y la tierra pasarán, pero mis palabras no pasarán.

»Tened cuidado, no sea que en cualquier momento se emboten vuestros corazones con la iniquidad y la ebriedad y las preocupaciones del siglo y caiga sobre vosotros de repente aquel día. Pues eso será como un golpe que hiera a todos los que habitan sobre la faz de toda la tierra. Vigilad en todo tiempo y orad para que seáis dignos de escapar de todas estas cosas que van a suceder y estéis firmes ante el Hijo del hombre. De ese día y de esa hora nadie sabe nada, ni los ángeles de Dios, ni el Hijo, sino sólo el Padre. Tened cuidado, vigilad y orad: pues no sabéis cuándo será este tiempo. Al igual que el hombre que sale de viaje deja su casa y da sus poderes a sus criados y prescribe a cada uno su tarea, y manda al portero que está vigilante. Vigilad, por tanto, porque no sabéis cuándo vendrá el dueño de la casa, si al atardecer, o a medianoche, o al canto del gallo, o de madrugada, no venga repentinamente y os encuentre durmiendo. Lo que os digo, os lo digo a todos: Estad vigilantes.»

Y PREPARADOS

«Pues tal como sucedió en los días de Noé, así será la venida del Hijo del hombre. Como estaban antes del diluvio, comiendo y bebiendo, tomando mujer y marido hasta el día en que Noé entró en el arca y no se dieron cuenta hasta que vino el diluvio y los arrastró a todos, así será la venida del Hijo del hombre. Y como sucedió igualmente en los días de Lot: comían y bebían, vendían y compraban, plantaban y edificaban; el mismo día que salió Lot de Sodoma, el Señor hizo llover fuego del cielo y azufre y destruyó a todos, así será el día en el que el Hijo del hombre se revele. Y en aquel día el que esté en la terraza no descienda a tomar sus vestidos a casa; y el que esté en el campo no vuelva atrás. Acordaos de la mujer de Lot. El que quiera salvar su vida la perderá y el que pierda su vida la recuperará.

»En verdad os digo: En aquella noche habrá dos en una cama, uno será tomado y el otro dejado; y dos mujeres estarán moliendo en una piedra, una será tomada y otra dejada; y estarán dos en el mismo campo, uno será tomado y otro dejado». Respondieron y le dijeron: «¿Dónde, Señor?» Él les dijo: «Donde esté el cadáver allí se reunirán los buitres. Vigilad, pues, porque no sabéis a qué hora vendrá vuestro Señor. Sabed esto: Si el dueño de la casa supiera a qué hora va a venir el ladrón, vigilaría ciertamente, y no dejaría abrir un boquete. Por tanto, vosotros también estad preparados, pues no sabéis a qué hora vendrá el Hijo del hombre».

CAPÍTULO XLIII

DIVERSAS FORMAS DE PREPARACIÓN

COMO EL CRIADO QUE ESPERA A SU SEÑOR

Le dijo Simón Cefas: «Señor, ¿nos dices a nosotros esta parábola o a todos los hombres?» Le dijo Jesús: «¿Quién, piensas, es el criado fiel y prudente supervisor de la casa, a quien ha puesto su señor al frente de su familia para que les dé a tiempo la comida? Dichoso aquel criado que cuando venga su señor lo encuentre haciendo esto. En verdad os digo: que lo pondrá al frente de todas sus cosas. Pero si el criado malo dice en su corazón: «Mi señor tardará en venir»; y comienza a pegar a los criados y criadas de su señor y se pone a comer y a beber con los borrachos; vendrá el señor de este criado el día que menos piensa y a la hora que ignora, y lo separará y pondrá su suerte con los hipócritas y con los infieles; allí será el llanto y el crujir de dientes».

COMO LAS VÍRGENES PRUDENTES

«Entonces el reino de los cielos será semejante a diez vírgenes, que tomando sus lámparas salieron a recibir al esposo y a la esposa. Cinco de ellas eran prudentes y cinco necias: y estas necias, cuando recibieron las lámparas, no tomaron consigo el aceite; las prudentes, en cambio, tomaron aceite en vasos con las lámparas. Pero habiendo tardado el esposo, todas dormitaron y se durmieron. Y a la medianoche se oyó un grito: «Mirad, viene el esposo, salid a su encuentro». Entonces se levantaron todas aquellas vírgenes y prepararon sus lámparas. Dijeron las necias a las prudentes: «Dadnos de vuestro aceite, pues se apagan nuestras lámparas». Respondieron las prudentes diciendo: «No sea que no haya suficiente para nosotras y vosotras, id a los vendedores y comprad para vosotras». Pero cuando iban a comprar vino el esposo y las que estaban preparadas entraron con él al banquete de boda y se cerró la puerta. Por último llegaron también las otras vírgenes diciendo: «Señor, Señor, ábrenos». Respondió y les dijo: «En verdad, no os conozco». Por tanto vigilad: pues no sabéis el día ni la hora.»

NEGOCIANDO NUESTROS TALENTOS

«Es también como un hombre que se va de viaje y llamó a sus criados y les entregó sus bienes. Y a uno le dio cinco talentos, y a otro dos y a otro uno, a cada uno según su capacidad; y se marchó inmediatamente. Y fue el que había recibido cinco talentos y negoció con ellos y ganó otros cinco. Igualmente el que había recibido dos ganó otros dos. Pero el que había recibido uno se marchó, cavó un hoyo en la tierra y escondió el dinero de su señor.

»Pero después de mucho tiempo vino el señor de aquellos criados y se puso a hacer cuentas con ellos. Y acercándose el que había recibido cinco talentos pagó otros cinco diciendo: «Señor, cinco talentos me entregaste, he aquí que he ganado otros cinco». Le dijo su señor: «Muy bien[36], criado bueno y fiel, has sido fiel sobre pocas cosas, te pondré al frente de muchas: entra en el gozo de tu señor». Y se acercó el que había recibido dos talentos y dijo: «Señor, dos talentos me entregaste, he aquí que

---

[36] La palabra del original es persa y significa: ¡Bien hecho!

he ganado otros dos». Le dijo su señor: «Muy bien, criado bueno y fiel, has sido fiel sobre pocas cosas, te pondré al frente de muchas: entra en el gozo de tu señor». Pero acercándose el que había recibido un talento dijo: «Señor, sé que eres hombre duro, cosechas donde no sembraste y recoges donde no esparciste; y marché con miedo, y escondí tu talento en la tierra: mira, aquí tienes lo que es tuyo». Respondió su señor y le dijo: «Criado malo y zángano, sabías de mí que cosecho donde no siembro, y recojo donde no esparzo, debías haber puesto en el banco mi dinero y al venir yo lo hubiera exigido con sus intereses. Quitadle, por tanto, el talento y dádselo al que tiene diez talentos: al que tiene se le dará y tendrá abundante; y a aquel que no tiene se le quitará lo que tiene. Y echad al criado inútil a las tinieblas exteriores». Allí será el llanto y el crujir de dientes.»

CON LAS LÁMPARAS ENCENDIDAS

«Estén vuestros lomos ceñidos y vuestras lámparas encendidas y vosotros sed semejantes a los hombres que esperan a su señor cuando vuelva del banquete para que al llegar y llame le abran inmediatamente. Dichosos los criados aquellos que cuando venga su señor los encuentre en vela. En verdad os digo: que se ceñirá su cintura y los hará sentarse a la mesa y pasando por ellos les servirá. Y si viene a la segunda vigilia o a la tercera, y los encuentra así, dichosos ellos.»

AMANDO AL HERMANO

«Y cuando venga el Hijo del hombre en su gloria y todos sus santos ángeles con Él, entonces se sentará sobre el trono de su majestad, reunirá delante de él a todas las naciones y separará unos de otros, como el pastor separa las ovejas de los cabritos, y pondrá las ovejas a su derecha y los cabritos a la izquierda.

Entonces dirá el rey a los que estarán a su derecha: «Venid, benditos de mi Padre, heredad el reino preparado para vosotros desde la creación del mundo: tuve hambre y me disteis de comer, tuve sed y me disteis de beber, fui forastero y me hospedasteis, estuve desnudo y me vestisteis, estuve enfermo y me visitasteis, estuve en la cárcel y tuvisteis cuidado de mí».

»Entonces le dirán los justos: «Señor, ¿cuándo te vimos con hambre y te alimentamos; o con sed y te dimos de beber?, y ¿cuándo te vimos como forastero y te acogimos, o desnudo y te cubrimos? ¿cuándo te vimos enfermo o en la cárcel y te cuidamos?[37]» Respondiendo el rey les dirá: «En verdad os digo: Todo lo que hicisteis a uno de estos hermanos míos pequeños, me lo hicisteis a mí». Entonces dirá a los que estén a su izquierda: «Apartaos de mí, malditos, al fuego eterno, que está preparado para el diablo y para sus huestes: tuve hambre y no me disteis de comer, tuve sed y no me disteis de beber, fui forastero y no me recogisteis, estuve desnudo y no me cubristeis, estuve enfermo y en la cárcel y no me visitasteis». Entonces responderán también ellos diciendo: «Señor, ¿cuándo te vimos con hambre, o con sed, o desnudo, o forastero, o enfermo, o en la cárcel y no te servimos?» Entonces respondiendo, les dirá: «En verdad os digo: Cuando no lo hicisteis con uno de mis más pequeños, tampoco me lo hicisteis a mí». E irán éstos al suplicio eterno, y los justos a la vida eterna.»

---

[37] Taciano invirtió el orden de los adjetivos.

CAPÍTULO XLIV

HABÍA LLEGADO SU HORA

SE REÚNE EL SANEDRÍN

Y cuando Jesús terminó estos sermones dijo a sus discípulos: «Vosotros sabéis que después de dos días será la pascua y el Hijo del hombre será entregado para ser crucificado». Entonces se reunieron los príncipes de los sacerdotes y los escribas y los ancianos del pueblo en el atrio del príncipe de los sacerdotes, que se llamaba Caifás; e hicieron un consejo sobre Jesús para detenerlo con engaño y matarlo. Pero decían: «No en la fiesta, no se haga un tumulto en el pueblo, porque ellos mismos temían a la gente».

APARECE EL TRAIDOR

Y entró Satanás en Judas, apellidado Iscariote, que era uno de los doce. Y marchó y tuvo una conversación en el templo con los príncipes de los sacerdotes y escribas y magistrados, diciéndoles: «¿Qué queréis darme y os lo entrego?» Oyendo esto se alegraron y le asignaron treinta monedas de plata. Y se lo prometió. Y desde este momento buscaba la oportunidad para entregarles a Jesús al margen de las multitudes.

LAVATORIO DE LOS PIES

Y el primer día de los Ázimos se acercaron los discípulos a Jesús y le dijeron: «¿Dónde quieres que vayamos y te preparemos para que comas la Pascua?» Y antes de la fiesta de Pascua, sabiendo Jesús que había llegado su hora para pasar de este mundo a su Padre, habiendo amado a los suyos los amó hasta el fin; y al tiempo de la cena habiendo entrado Satanás en el corazón de Judas, hijo de Simón Iscariote para entregarle, y sabiendo Jesús que el Padre había puesto todo en sus manos, y que del Padre había salido y volvía al Padre, se levantó de la cena y puso sus vestidos a un lado, y tomando una toalla se ciñó su cintura. Y puso agua en la jofaina y comenzó a lavar los pies de sus discípulos y a secarlos con la toalla que había ceñido a sus lomos. Y cuando llegó a Simón Cefas le dijo Simón: «¿Tú, Señor, me lavas a mí los pies?» Respondió Jesús y le dijo: «Lo que yo hago ahora, tú no lo sabes: pero lo sabrás después». Le dijo Simón: «No me lavarás los pies nunca». Le dijo Jesús: «Si no te lavo no tendrás parte conmigo». Le dijo Simón Cefas: «Entonces, Señor, no solamente laves mis pies, sino también las manos y la cabeza». Le dijo Jesús: «El que se ha bañado no necesita que le lave los pies, pues todo está limpio. Y vosotros estáis limpios, pero no todos». Pues sabía Jesús quién era su traidor; por eso dijo: «No todos estáis limpios».

LAVAOS LOS PES UNOS A OTROS

Así, después de que lavó sus pies, tomó sus vestidos, y sentándose les dijo: «¿Sabéis lo que os he hecho? Vosotros me llamáis Maestro y Señor; y decís bien: lo soy. Si pues yo, Señor y Maestro vuestro, os he lavado vuestros pies, ¿cuánto más justo es que os lavéis los pies unos a otros? Pues os he dado este ejemplo para que de la misma forma que hice con vosotros hagáis también vosotros lo mismo. En verdad os digo: No es el criado más que su señor, ni el apóstol es mayor que el que lo envió. Si sabéis esto, seréis dichosos si lo hacéis. Mis palabras no son para todos vosotros: pues yo sé a quiénes he elegido, pero para que se cumpla la Escritura:

El que come el pan conmigo
ha levantado contra mí su talón.

»Os lo digo ahora antes de que suceda para que cuando suceda creáis que yo soy. En verdad, en verdad os digo: El que recibe al que yo envío me recibe a mí, pero el que me recibe a mí recibe al que me envió.

»¿Quién es más grande, el que se sienta a la mesa o el que sirve?, ¿no es el que se sienta? Yo estoy en medio de vosotros como el que sirve. Pero vosotros sois los que habéis permanecido conmigo en mis desgracias, y yo os prometo, como me ha prometido a mí mi Padre, un reino, para que comáis y bebáis sobre la mesa de mi reino».

PREPARACIÓN DE LA PASCUA

Y llegó el primer día de la fiesta de los Ázimos, en el cual suelen los judíos inmolar el cordero de pascua. Y envió Jesús a dos de sus discípulos, Cefas y Juan, diciéndoles: «Id y preparadnos la pascua para que la comamos». Y ellos le dijeron: «¿Dónde quieres que te la preparemos?» Les dijo: «Id, entrad en la ciudad, y cuando entréis os saldrá al paso un hombre llevando un ánfora de agua; seguidle, y donde entre, decidle al dueño: «Nuestro Maestro dice: Mi tiempo ha llegado y celebro la pascua contigo: ¿Dónde está, pues, la sala donde la coma con mis discípulos?» Y os mostrará una sala grande, amueblada y preparada, y preparadnos allí». Y marcharon sus dos discípulos y llegaron a la ciudad; y encontraron lo que se les había dicho y prepararon la pascua como les había mandado.

Y cuando llegó la tarde y fue la hora, vino Jesús, y se sentó a la mesa y los doce Apóstoles con Él; y les dijo: «Con ansia he deseado comer esta pascua con vosotros antes de padecer. Os digo: Desde ahora, no la volveré a comer, hasta que se cumpla en el reino de Dios».

JUDAS DESENMASCARADO

Diciendo esto Jesús, se conmovió en su espíritu y declaró y dijo: «En verdad, en verdad os digo: Uno de vosotros que come conmigo, me entregará», Y se pusieron muy tristes y comenzaron a decirle uno a uno: «¿Acaso soy yo, Señor?» Respondiendo les dijo: «Uno de los doce, que mete su mano conmigo en el plato, ése me entregará: y, he aquí, la mano del que me entrega sobre la mesa. Ahora bien, el Hijo del hombre se irá, como está escrito de Él: pero, ¡ay de aquel hombre por el cual el Hijo del hombre será entregado! Mejor sería a ese hombre si no hubiera nacido». Y los discípulos se miraban unos a otros sin saber a quién se refería. Y comenzaron a buscar entre ellos, quién sería de ellos el que iba a hacer esto.

CAPÍTULO XLV

EL MÁS EMOCIONANTE MOMENTO DE LA CENA

UN POCO DE PAN MOJADO

Ahora bien, estaba reclinado en su pecho uno de sus discípulos a quien amaba Jesús. Simón Cefas hizo señas a éste para que le preguntara quién era ése del que había hablado. Y este discípulo se reclinó sobre el pecho de Jesús y le dijo: «Señor, ¿quién es ése?» Respondió Jesús y dijo: «Es aquel a quien yo entregue el pan mojado». Y Jesús mojó el pan y se lo dio a Judas, hijo de Simón Iscariote. Y tras del pan entró en él Satanás. Y Jesús le dijo: «Lo que has de hacer hazlo pronto». Pero esto no lo supo nadie de lo comensales, por qué dijo esto. Y algunos pensaron que como Judas tenía la bolsa le estaba mandando comprar algo necesario para la fiesta, o que diera algo a los pobres. Respondiendo el traidor Judas, dijo: «¿Acaso soy yo, Maestro?» Le dijo Jesús: «Tú lo has dicho». Y Judas, después de haber recibido el pan, salió en seguida fuera. Y era de noche.

Y dijo Jesús: «Ahora va a ser glorificado el Hijo del hombre y Dios será glorificado en Él. Y si Dios va a ser glorificado en Él, Dios también lo glorificará en sí mismo y le glorificará pronto».

ESTO ES MI CUERPO

Y cuando estaban ellos comiendo, tomó Jesús el pan lo bendijo, y lo partió y lo dio a sus discípulos y les dijo: «Tomad, y comed, esto es mi cuerpo». Y tomando el cáliz, dando gracias lo bendijo, se lo dio y dijo: «Tomad, y bebed todos de él»; y bebieron de él todos. Y les dijo: «Esta es mi sangre, la nueva alianza, derramada por muchos para el perdón de los pecados. Os digo: No beberé ya de este jugo de la vid hasta el día que lo beba nuevo con vosotros en el reino de Dios. Y haced así en conmemoración mía[38]. Y dijo Jesús a Simón: «Simón, mira, Satanás ha pedido poder cribaros como trigo, pero yo he rogado por ti para que tu fe no desfallezca; y tú también, una vez convertido, fortalece a tus hermanos».

EL MANDAMIENTO NUEVO

«Hijos míos, todavía estoy un poco con vosotros. Me buscaréis, y como dije a los judíos: «Donde yo voy vosotros no podéis venir»; os lo digo a vosotros también ahora. Os doy un mandamiento nuevo: que os améis unos a otros; y como yo os he amado, así también vosotros amaos unos a otros. En esto conocerán todos que sois mis discípulos, si os amáis unos a otros». Le dijo Simón Cefas: «Señor, ¿a dónde vas?» Respondió Jesús y le dijo: «A donde yo voy tú no puedes ahora seguirme: pero vendrás después».

Entonces les dijo Jesús: «Todos vosotros me abandonaréis en esta noche. Está escrito: *Heriré al pastor y se dispersarán las ovejas del rebaño.* Pero después de mi resurrección iré delante de vosotros a Galilea». Respondió Simón Cefas y le dijo: «Señor, aunque todos te abandonen, yo nunca te abandonaré. Estoy dispuesto contigo para la cárcel y para la muerte, y a dar mi

---

[38] Taciano depende aquí de San Pablo 1 Co 11, 24-25.

vida por ti». Le dijo Jesús: «¿Das la vida por mí? En verdad, en verdad te digo: que tú, hoy, esta misma noche, antes que el gallo cante dos veces, habrás negado tres veces conocerme». Pero el más emocionante momento de la cena Cefas decía con insistencia: «Aunque vaya contigo a la muerte, no te negaré, Señor». Y todos los discípulos dijeron lo mismo.

¡ÁNIMO! ME VOY AL PADRE

Entonces les dijo Jesús: «No se turben vuestros corazones. Creéis en Dios, creed también en mí. En la casa de mi Padre hay muchas mansiones; si no fuera así os lo habría dicho; porque voy a prepararos sitio. Y si voy a prepararos sitio, volveré de nuevo, y os recibiré conmigo, y donde yo estoy, también vosotros estaréis allí. Y el lugar donde yo voy, vosotros lo conocéis, y conocéis el camino». Le dijo Thauma (Tomás): «Señor, no sabemos dónde vas y, ¿cómo nos será el camino para conocerlo?» Le dijo Jesús: «Yo soy el camino, y la verdad, y la vida; y nadie va al Padre sino por mí. Y si me conocierais a mí, conoceríais también a mi Padre, y desde ahora lo conocéis y lo habéis visto».

Le dijo Felipe: «Señor, enséñanos al Padre y nos basta». Le dijo Jesús: ¿Todo este tiempo he estado con vosotros y no me habéis conocido? Felipe, el que me ve a mí, verdaderamente ve al Padre. ¿Cómo dices entonces, enséñanos al Padre? ¿No crees que yo estoy en mi Padre y mi Padre está en mí? Pues las palabras que yo hablo no las hablo por mí mismo; sino mi Padre, que está en mí, Él hace estas obras. Creed que yo estoy en mi Padre y mi Padre está en mí. Y si no, creed por las obras. En verdad, en verdad os digo: El que cree en mí también hará las obras que yo hago, y aun hará mayores que éstas. Yo voy al Padre, y cualquier cosa que pidáis en mi nombre, os lo haré, para que el Padre sea glorificado en su Hijo. Si, pues, pedís en mi nombre, yo lo haré. Si me amáis guardad mis mandamientos».

TENDRÉIS UN PROTECTOR

«Y yo rogaré a mi Padre y os enviará otro Paráclito para que esté con siempre, el Espíritu de la verdad, que el mundo no puede recibir porque no lo ve, ni lo conoce; pero vosotros lo conocéis, pues permanece en vosotros y está en vosotros. No os dejaré huérfanos: volveré a vosotros, Todavía un poco y el mundo no me verá. Pero vosotros me veréis, porque yo vivo y vosotros viviréis. Y aquel día sabréis que yo estoy en mi Padre y vosotros en mí, y yo en vosotros.»

CAPÍTULO XLVI

ÚLTIMAS RECOMENDACIONES

VENDREMOS A ÉL Y HAREMOS MORADA

Dijo Jesús a sus discípulos: «El que tiene mis mandamientos y los observa, ése es el que me ama. Y el que me ama será amado por mi Padre y yo le amaré y me manifestaré a él a mí mismo». Le dijo Judas, no el Iscariote: «¿Qué significa que te vas a manifestar a nosotros, y no al mundo?» Respondió Jesús y le dijo: «El que me ama guardará ciertamente mis palabras y mi Padre le amará, y vendremos a Él y haremos morada en Él; pero el que no me ama, no guarda mis palabras. Y esta palabra que habéis oído no es palabra mía, sino del Padre que me envió».

EL ESPÍRITU SANTO OS ENSEÑARÁ TODO

«Estas cosas os he dicho estando con vosotros; pero el Paráclito, el Espíritu Santo, que enviará mi Padre en nombre mío, Él os enseñará todas las cosas y os recordará todo cuanto yo os he dicho. La paz os dejo, mi paz os doy; pero no os la doy como la da el mundo. No se preocupe vuestro corazón ni tengáis miedo. Habéis oído que os dije: «Me voy y volveré a vosotros». Si me amarais, ¿no os alegrarías en verdad porque voy a mi Padre?: pues mi Padre es más grande que yo. Y os lo digo ahora antes de que suceda, para que cuando suceda, creáis en mí. Ahora no os diré muchas cosas; vendrá el príncipe del mundo y no tendrá nada conmigo. Pero para que sepa el mundo que yo amo a mi Padre y que como me mandó el Padre, así hago.» Y les dijo: «Cuando os envié sin bolsa, sin alforja y sin sandalias, ¿acaso os faltó algo?» Le dijeron: «Nada». Les dijo: «Desde ahora el que tenga bolsa, que tome también alforja; y el que no tenga espada, que venda su manto y se compre una espada. Os digo: Que aun esto que está escrito tiene que cumplirse todavía en mí: *Seré contado con los malhechores*. Pues todas las cosas que fueron dichas de mí se han cumplido en mí». Le dijeron sus discípulos: «Señor, mira, aquí tenemos dos espadas». Les dijo: «Son suficientes. Levantaos, vamos de aquí».

Y se levantaron y, después de dar gracias, salieron y fueron según su costumbre al monte de los Olivos, Él y sus discípulos.

PERMANECED EN MI AMOR

Y les dijo: «Yo soy la vid verdadera y mi Padre es agricultor. Todo sarmiento que en mí no dé fruto, lo cortará, y al que dé fruto lo limpiará para que dé mucho fruto. Vosotros ya estáis limpios por la palabra que os he hablado. Permaneced en mí y yo en vosotros. Pues de la misma manera que el sarmiento de la vid no puede dar fruto por sí mismo, si no permanece en la vid: así tampoco vosotros si no permanecéis en mí. Yo soy la vid y vosotros los sarmientos: el que permanece en mí y yo en él, éste da mucho fruto, porque sin mí no podéis hacer nada. Pero si alguien no permanece en mí será echado fuera como una rama seca, y será recogido, y será enviado al fuego, para que arda. Si permanecéis en mí y mi palabra permanece en vosotros, cualquier cosa que queráis pedir, se os hará. Pues en esto será glorificado el Padre, en que deis mucho fruto y seáis mis discípulos. Y como me amó mi Padre, así os he amado yo. Permaneced en mi amor.

»Si observáis mis mandamientos permaneceréis en mi amor, como yo he observado los mandamientos de mi Padre y permanezco en su amor. Os he dicho estas cosas para que mi gozo esté en vosotros y vuestra alegría sea completa. Este es mi mandamiento: Que os améis unos a otros como yo os he amado. Y no hay mayor amor que éste, que alguien da la vida por sus amigos. Vosotros sois mis amigos si hacéis todas las cosas que os he mandado. Ya no os llamaré siervos porque el siervo no sabe lo que hace su señor: Pero a vosotros os he llamado amigos porque todo lo que he oído a mi Padre os lo he dado a conocer.»

YO OS ELEGÍ

«No me habéis elegido vosotros, sino que yo os elegí, y os he destinado, para que también vayáis vosotros y deis fruto y vuestro fruto permanezca, y todo lo que pidáis a mi Padre en mi nombre os lo dé. Esto os mando que os améis unos a otros. Y si el mundo os odia, sabed que a mí me odió antes. Pues si fueseis del mundo el mundo amaría lo que es suyo, pero no sois del mundo; yo os saqué del mundo, por eso os odia el mundo. Acordaos de la palabra que os dije: «Que no es el siervo mayor que su señor».

»Si, pues, me han perseguido a mí, también a vosotros os perseguirán; y si observaron mi palabra, también observarán las vuestras. Pero os harán todas estas cosas por mi nombre, porque no conocen al que me envió. Si, pues, yo no hubiera venido y les hubiera hablado no tendrían pecado; pero ahora no tienen excusa de sus pecados. El que me odia a mí odia también a mi Padre. Y si no hubiera hecho delante de ellos las obras que nadie ha hecho no tendrían pecado; pero ahora han visto y me han odiado a mí y a mi Padre, para que se cumpla la palabra que está escrita en su ley: *Me odiaron sin motivo*. Pero cuando venga el Paráclito que yo os enviaré de mi Padre, el Espíritu de la verdad, que procede de mi Padre, él dará testimonio de mí, y vosotros daréis testimonio porque estáis conmigo desde el principio».

OS CONVIENE QUE YO ME VAYA

«Os he dicho estas cosas para que no os inquietéis. Pues os echarán de sus sinagogas; y llegará la hora en que todo el que os mate crea que ofrece un sacrificio a Dios. Y estas cosas os harán porque no me han conocido a mí, ni a mi Padre. Os he dicho estas cosas para que cuando llegue la hora os acordéis de que yo os las había dicho. Y no os las había dicho antes porque estaba con vosotros; pero ahora voy al que me envió, y ninguno de vosotros me pregunta, adónde voy. Os he dicho estas cosas ahora y la tristeza ha llegado y se ha apoderado de vuestros corazones.

»Pero yo os digo la verdad: Os conviene que yo me vaya; si no me voy el Paráclito no vendrá a vosotros; pero si me voy os lo enviaré a vosotros. Y cuando venga él argüirá al mundo de pecado, y de justicia, y de juicio. De pecado, porque no han creído en mí; y de justicia porque me voy a mi Padre; y de juicio porque el príncipe de este mundo ya ha sido juzgado. Y todavía tengo muchas cosas por deciros, pero no podéis soportarlas ahora. Y cuando venga el Espíritu de la verdad, él os recordará toda la verdad; no hablará nada de sí mismo, sino que hablará todo lo que oiga y os enseñará las cosas que están por venir. Y él me glorificará, porque recibirá de mí y lo mostrará a vosotros. Todas las cosas que tiene mi Padre son mías. Por eso os he dicho que recibirá de lo mío y os lo mostrará a vosotros.»

CAPÍTULO XLVII

JESÚS HABLA CON EL PADRE

TODOS ESTABAN TRISTES

Jesús dijo a sus discípulos: «Un poquito y no me veréis, y otra vez otro poco y me veréis, porque voy al Padre». Y se dijeron sus discípulos el uno al otro: «¿Qué es esto que nos ha dicho: Un poco y no me veréis y otra vez otro poco y me veréis; y porque voy al Padre? Y decían: «¿Qué es ese poco de que habla? No sabemos lo que dice». Y sabiendo Jesús que querían preguntarle, les dijo: «¿Acaso os preguntáis uno a otro de esto que os dije: Un poco y no me veréis, y otra vez otro poco y me veréis? En verdad, en verdad os digo: Lloraréis y os lamentaréis, pero el mundo se alegrará; y vosotros estaréis tristes, pero vuestra tristeza se convertirá en gozo. A la mujer, cuando se acerca el tiempo de dar a luz, le oprime la llegada del momento de su parto; pero cuando ha dado a luz al hijo, no se acuerda de la angustia por la alegría de que ha nacido un hombre al mundo. Por tanto, también vosotros ahora estáis tristes, pero ciertamente os veré, y se alegrará vuestro corazón, y vuestra alegría nadie la quitará de vosotros. Y en aquel día vosotros no me pediréis nada. En verdad, en verdad os digo: Todo lo que pidáis a mi Padre en mi nombre, os lo dará. Hasta ahora nada habéis pedido al Padre en mi nombre: pedid y recibiréis, para que vuestra alegría sea completa».

TENED ÁNIMO, PUES YO VENCIDO AL MUNDO

«Ahora os he hablado en proverbios. Llegará la hora y el tiempo, cuando no os hable en proverbios, sino que os hablaré del Padre claramente. En aquel día pediréis al Padre en mi nombre, y no os digo que rogaré al Padre por vosotros, pues el Padre os ama, porque vosotros me amáis y habéis creído que yo he salido del Padre. Salí de mi Padre y vine al mundo, y dejo el mundo y vuelvo a mi Padre». Le dijeron sus discípulos: «En verdad que tus palabras son ahora claras y no dices nada en proverbios; ahora sabemos verdaderamente que tú conoces todas las cosas y no tienes necesidad de que nadie te pregunte, y por esto creemos que has venido de Dios». Les dijo Jesús: «Creed, porque vendrá la hora, y ya ha venido, y os dispersaréis cada uno por su sitio, y me dejaréis solo; pero no estoy solo, porque mi Padre está conmigo. Os he dicho estas cosas para que tengáis paz conmigo. Y en el mundo os alcanzará la tribulación, pero tened ánimo, pues yo he vencido al mundo».

PADRE, GLORIFICA A TU HIJO

Jesús habló estas cosas, y elevando los ojos al cielo, dijo: «Padre mío, ha llegado la hora; glorifica a tu Hijo, para que tu Hijo te glorifique a ti. Como le diste potestad sobre toda carne, que dé Él vida eterna a todo lo que le has dado. Y ésta es la vida eterna: que conozcan que sólo tú eres el Dios verdadero y el que tú enviaste, Jesús, el Mesías.

«Yo te he glorificado en la tierra; y la obra que me diste para hacer, la he consumado; pero ahora glorifícame tú, Padre, ante ti mismo, con la gloria que yo tenía antes de que el mundo existiese, junto a ti. He manifestado tu nombre a los hombres que me diste del mundo; tuyos eran y me los diste, y han guardado tu palabra. Ahora han sabido que todas las cosas que me diste vienen de ti, y di a ellos las palabras que me diste y ellos han recibido, y han conocido verdaderamente que salí de ti, y han creído que tú me has enviado. Y yo ruego por ellos, y mi petición no es por el mundo, sino por éstos que me diste, porque son tuyos; y todas las cosas mías son tuyas, y todas las tuyas son mías, y yo he sido glorificado en ellos, y ya no estoy en el mundo, y éstos están en el mundo, y yo voy a ti. Padre santo, guarda en tu nombre a los que me has dado, para que sean uno como nosotros. Cuando estaba con ellos en el mundo, los guardaba en tu nombre. He custodiado a los que me diste y ninguno de ellos ha perecido, sino el hijo de la perdición para que se cumpliera la Escritura. Ahora vuelvo a ti, y digo estas cosas en el mundo, para que tengan mi alegría completa en sí mismos».

NO SON DEL MUNDO

«Yo les di tu palabra y el mundo les ha tenido odio, porque no son del mundo, como yo no soy del mundo. Pues no te pido que los saques del mundo, sino que los guardes del mal. No son del mundo, como yo tampoco soy del mundo. Padre, santifícalos en la verdad, porque tu palabra es la verdad. Y como tú me enviaste al mundo, también yo los envío al mundo. Y por ellos me santifico a mí mismo, para que ellos también sean santificados en la verdad. Y no ruego por ellos solamente, sino por aquellos que han de creer en mí por su palabra, para que todos sean uno; como tú en mí y yo en ti, que sean ellos también uno, y conozca el mundo que tú me has enviado. Y la gloria que tú me has dado, se la di a ellos, para que sean uno, como nosotros somos uno. Yo en ellos y tú en mí, para que sean perfectamente uno y conozca el mundo que tú me has enviado; pues yo los he amado como tú me has amado. Padre, quiero que los que me diste, donde yo estoy, estén ellos también conmigo para que vean mi gloria que tú me diste; pues tú me amaste antes de la creación del mundo. Padre mío justo, el mundo no te ha conocido, pero yo te conozco y éstos han conocido que tú me enviaste. Y les he dado a conocer tu nombre y lo daré a conocer, para que el amor con que me has amado esté en ellos y yo esté en ellos.»

CAPÍTULO XLVIII

EL MOMENTO MÁS TRISTE DE JESÚS

MI ALMA ESTÁ TRISTE HASTA LA MUERTE

Jesús dijo estas cosas y salió con sus discípulos al lugar de nombre Getsemaní, al otro lado del torrente[39] Cedrón, al pie del monte, donde había un huerto en el cual entró Él y sus discípulos. Y Judas, el traidor, conocía aquel lugar; porque frecuentemente iba allí Jesús con sus discípulos. Y cuando llegó Jesús al lugar, dijo a sus discípulos: «Sentaos aquí, mientras yo voy a orar. Orad para que no caigáis en la tentación». Y llevándose juntos a Cefas y a los dos hijos del Zebedeo, comenzó a entristecerse y a estar angustiado. Y les dijo: «Mi alma está angustiada hasta la muerte: quedaos aquí y velad conmigo». Y se separó un poco de ellos, cuanto se lanza una piedra y, arrodillándose, cayó sobre su cara, y oraba que si era posible, pasara de Él aquella hora, y dijo: «Padre, tú lo puedes todo, si quieres, aparta de mí este cáliz; pero no se haga mi voluntad, sino la tuya».

Y vino a sus discípulos y los encontró durmiendo. Y dijo a Cefas: «Simón, ¿duermes?, de manera que no has podido ni siquiera una hora velar conmigo? Velad y orad para que no caigáis en la tentación; el espíritu está dispuesto y pronto, pero el cuerpo es débil». De nuevo marchó por segunda vez y oró diciendo: «Padre mío, si no puede pasar este cáliz sin beberlo,

---

39   El original se traduce también por valle.

hágase tu voluntad». Y vuelto otra vez encontró a los discípulos durmiendo, pues sus ojos estaban cargados por la tristeza y la angustia, y no sabían qué responderle. Y dejándolos, se marchó de nuevo, y oró por tercera vez diciendo las mismas palabras. Y se le apareció un ángel del cielo confortándolo. Y como tenía miedo, oraba en oración continua. Y su sudor se convirtió en arroyuelos de sangre, y cayó sobre la tierra. Entonces se levantó y vino a sus discípulos y los encontró durmiendo; y les dijo: «Dormid ya y descansad; se acerca el fin, ha llegado la hora; mirad, el Hijo del hombre va a ser entregado en manos de los pecadores. Levantaos, vamos, ya se acerca el que me va a entregar».

EL BESO DE LA TRAICIÓN

Y estando todavía hablando llegó Judas el traidor, uno de los doce y con él mucha gente, portando linternas y antorchas, y espadas, y bastones, enviados por los príncipes de los sacerdotes y escribas y los ancianos del pueblo: y con ellos un hombre de los romanos[40]. Y Judas el traidor les había dado un signo diciendo: «Aquel a quien bese ése es, detenedlo con cuidado y llevadlo».

Pero Jesús, sabiendo todas las cosas que le iban a suceder, salió a su encuentro; y al instante acercándose Judas el traidor a Jesús, dijo: Maestro» y lo besó. Pero Jesús le dijo: «¿Judas, con un beso entregas al Hijo del hombre? ¿Amigo, acaso has venido para eso?» Y dijo Jesús a los que habían venido hacia Él: «¿A quién buscáis?» Le dijeron: «A Jesús Nazareno». Les dijo Jesús: «Yo soy». Estaba también Judas el traidor con ellos. Y cuando les dijo Jesús: «Yo soy». Se echaron atrás y cayeron a tierra. Y de nuevo les preguntó Jesús: «¿A quién buscáis?» Respondieron: «A Jesús Nazareno». Les dijo Jesús: «Os he di-

---

[40] En siríaco los romanos son los soldados.

cho que soy yo. Si, pues, me buscáis a mí, dejad que se vayan estos». Para que se cumpliera la palabra que dijo: *De los que me diste, no perderé de ellos a ninguno*. Entonces se acercaron los que estaban con Judas, y echaron las manos a Jesús y lo detuvieron.

METE TU ESPADA EN SU VAINA

Y viendo sus discípulos lo que había ocurrido, dijeron: «Señor, ¿los herimos con las espadas?» Y Simón Cefas, que tenía una espada, la sacó e hirió al criado del Pontífice, y cortó su oreja derecha. Y el nombre de este criado era Malco. Dijo Jesús a Cefas: «¿El cáliz que me dio mi Padre no lo voy a beber? Mete la espada en su vaina: pues todos los que hieran a espada a espada morirán. ¿Acaso piensas que no puedo rogar a mi Padre y me daría ahora más de doce legiones de ángeles? ¿Cómo, entonces, se cumplirán las Escrituras que dicen que tiene que suceder así?» Después de esto tocó suavemente la oreja que había herido y la curó. Y en aquel momento dijo Jesús a las gentes: «¿Habéis salido contra mí, como se ataca a un ladrón, con espadas y bastones para apresarme? Todos los días me sentaba en medio de vosotros enseñando en el templo y no me detuvisteis; pero ésta es vuestra hora y el poder de las tinieblas». Pero todo esto sucedió para que se cumplieran las Escrituras de los Profetas, Entonces, todos los discípulos, abandonándolo, huyeron.

CONVIENE QUE MUERA UNO POR TODOS

Y la cohorte[41] y los oficiales y los soldados de los judíos, se apoderaron de Jesús y se marcharon. Y un cierto joven le seguía

---

[41] Soldados de a pie.

desnudo, cubierto con una sábana; y lo detuvieron. Pero él, tirando la sábana, huyó desnudo. Entonces agarrando a Jesús lo ataron, y lo llevaron primero a Anás, pues era suegro de Caifás, que era Pontífice aquel año. Y era Caifás el que había dado este consejo a los judíos: «Conviene que un hombre muera por el pueblo».

SIMÓN CEFAS, NIEGA A JESÚS

Y seguía a Jesús Simón Cefas, y otro discípulo. Y este discípulo era conocido del Pontífice, y entró con Jesús en el atrio. Pero Simón estaba afuera a la puerta. Y salió aquel otro discípulo que era conocido del Pontífice, y habló con la portera, que introdujo a Simón. Y cuando la criada portera vio a Simón, se fijó en él, y le dijo: «¿No eres tú también uno de los discípulos de este hombre, es decir, de Jesús Nazareno?» Y lo negó diciendo: «Mujer, no lo conozco, ni siquiera sé lo que dices». Y los criados y los soldados se levantaron, e hicieron fuego en medio del atrio, para calentarse porque hacía frío. Y encendido el fuego se sentaron alrededor, y vino también Simón, y se sentó con ellos, para calentarse y para ver qué sucedía finalmente.

CAPÍTULO XLIX

EL MÁS VERGONZOSO INTERROGATORIO

ANÁS, EL VIEJO PONTÍFICE

Y el Pontífice interrogó a Jesús sobre sus discípulos y sobre su doctrina. Y le dijo Jesús: «Yo he hablado abiertamente al pueblo: pues en todo tiempo he enseñado en la sinagoga y en el templo, donde se reúnen todos los judíos, y nada he hablado ocultamente. ¿Por qué me interrogas?, pregunta a los que me han oído qué les he hablado; pues ellos saben todas las cosas que he dicho». Y cuando dijo esto, uno de los soldados que estaba allí, dio una bofetada a Jesús, diciéndole: «¿Así respondes al Pontífice?» Respondió Jesús y le dijo: «Si he hablado mal, da testimonio de ello, pero si bien, ¿por qué me pegas?»

PEDRO ACABA LLORANDO

Y Anás envió atado a Jesús a Caifás el Pontífice. Y cuando salió Jesús estaba Simón Pedro en el atrio exterior, calentándose. Y lo vio de nuevo aquella criada y comenzó a decir a los presentes: «También éste estaba allí con Jesús Nazareno». Y se acercaron los que estaban allí y dijeron a Cefas: «Verdaderamente eres uno de sus discípulos». Y otra vez negó con juramento: No conozco a ese hombre. Y después de un rato lo vio uno de los criados del Pontífice, pariente de aquel a quien Simón había cortado la oreja y enfadado dijo: «Ciertamente este hombre estaba con él, y es también galileo, pues su habla es semejante». Y dijo a Simón: «¿Acaso no te vi yo en el huerto con Él?» Entonces Simón comenzó a maldecir y a decir: «No conozco a este hombre, a quien vosotros mencionáis». E inmediatamente, estando él todavía hablando, cantó el gallo la segunda vez. Y en aquel momento se volvió Jesús, que estaba fuera y miró fijamente a Cefas. Y se acordó Simón de la palabra de nuestro Señor, que le había dicho: «Antes de que el gallo cante dos veces me habrás negado tres». Y saliendo afuera Simón lloró con amargo llanto.

LAS INSIDIOSAS CALUMNIAS

Y cuando se aproximaba la mañana se reunieron todos los guardas del templo, los príncipes de los sacerdote y escribas y los ancianos del pueblo y toda la multitud, urdiendo insidias; y celebraron consejo contra Jesús para matarle. Y buscaban falsos testigos que dieran testimonio contra Jesús para condenarlo a muerte; y no los encontraron por muchos falsos testigos que se acercaron; y no era acorde su testimonio. Y por fin se acercaron dos falsos testigos, y dijeron: «Nosotros le hemos oído decir: «Yo destruiré este templo de Dios hecho a mano, y después de tres días edificaré otro no hecho a mano»». Y ni aun así era coincidente su testimonio. Y Jesús callaba. Y levantándose el sumo sacerdote en medio interrogó a Jesús, diciendo: «¿No respondes nada a lo que éstos testifican contra ti?» Pero Jesús callaba y no respondió nada.

SOY EL HIJO DE DIOS

Y lo llevaron a su consejo, diciéndole: «Si tú eres el Mesías, dínoslo». Les dijo: «Si os lo dijera no me creeríais y si os preguntara no me responderíais ni una palabra, ni me soltaríais». Y respondió el príncipe de los Sacerdotes y le dijo: «Te conjuro por el Dios vivo que nos digas si tú eres el Mesías, Hijo de Dios vivo». Le dijo Jesús: «Tú lo has dicho, yo soy». Le dijeron todos: «¿Tú eres, entonces, el Hijo de Dios?» Les dijo: «Vosotros decís que soy yo; os digo: Desde ahora veréis al Hijo del hombre sentado a la derecha del poder, y viniendo sobre las nubes del cielo». Entonces el príncipe de los sacerdotes rasgó su túnica, diciendo: «¡Ha blasfemado!» Y dijeron todos: «¿Por qué buscamos testimonios todavía? Ahora hemos oído la blasfemia de su boca. ¿Qué os parece?» Respondiendo todos, dijeron: «Es reo de muerte». Entonces se acercaron algunos de ellos, y escupieron en su cara, y le golpearon, y se reían de Él. Y los soldados, golpeando sus rodillas, decían: «Adivínanos, Mesías, ¿quién es el que te ha pegado?» Y decían muchas otras cosas contra Él blasfemando.

UN BUEN POLÍTICO Y UN MAL HOMBRE

Y levantándose todo el consejo agarraron a Jesús y lo llevaron atado al pretorio, y lo entregaron a Pilato el gobernador. Pero ellos no entraron en el pretorio para no verse impuros cuando comieran la pascua. Y Jesús compareció ante el gobernador. Y salió a ellos Pilato, afuera, y les dijo: «¿Qué acusación tenéis contra este hombre?» Respondieron y le dijeron: «Si no hubiera hecho maldad, no te lo hubiéramos entregado. Hemos encontrado a este hombre sublevando a nuestro pueblo, y prohibiendo dar tributo al César y diciendo que Él es el Mesías rey». Y dijo Pilato: «Entonces, tomadlo vosotros y lo juzgáis según vuestra ley». Le dijeron los Judíos: «No tenemos facultad para matar a nadie». Para que se cumpliera la palabra que dijo Jesús cuando dio a entender con qué muerte iba a morir.

Y entró Pilato en el pretorio, y llamó a Jesús y le dijo: «¿Eres tú el rey de los Judíos?» Le dijo Jesús: «¿Dices esto por ti mismo o te lo han dicho otros de mí?» Le dijo Pilato: «¿Acaso soy yo judío?» Los hijos de tu pueblo, los príncipes de los sacerdotes te han entregado a mí: ¿qué has hecho?» Le dijo Jesús: «Mi reino no es de este mundo, si de este mundo fuera mi reino, mis servidores lucharían ciertamente para que yo no fuera entregado a los judíos; pero mi reino no es de aquí». Le dijo Pilato: «¿Luego tú eres rey?» Le dijo Jesús: «Tú lo dices, porque yo soy rey. Y por esto he nacido, y para esto vine al mundo, para dar testimonio de la verdad; y todo el que es de la verdad, oye mi voz». Le dijo Pilato: «Y, ¿qué es la verdad?» Y diciendo esto salió otra vez a los judíos.

CAPÍTULO L

CON CUALQUIERA ANTES QUE CON JESÚS

EL POLÍTICO DÉBIL

Y dijo Pilato a los príncipes de los sacerdotes y a la multitud: «Yo no encuentro nada contra este hombre». Y gritaron y dijeron: «Solivianta con su doctrina a nuestro pueblo por toda Judea, empezando desde Galilea hasta aquí». Y Pilato, cuando oyó el nombre de Galilea, preguntó: «¿Acaso este hombre es galileo?» Y cuando vio que estaba bajo la jurisdicción de Herodes, lo envió a Herodes, que estaba en Jerusalén por aquellos días.

HERODES, EL ASESINO DE JUAN

Cuando Herodes vio a Jesús se alegró mucho; y hacía mucho tiempo que quería verle porque había oído muchas cosas de sus gestas, y contaba con ver algún signo de Él. Y le interrogó con muchas palabras. Pero Jesús no le respondió nada. Y los escribas y príncipes de los sacerdotes estaban presentes y le acusaban con represión vehemente. Y Herodes se mofó de Él con sus servidores y después de reírse de Él, lo vistió con un vestido de escarlata y se lo envió a Pilato. Y Pilato y Herodes se hicieron amigos aquel día, pues antes había enemistad entre ellos.

ES INOCENTE

Y Pilato, llamando a los príncipes de los sacerdotes y a los jefes del pueblo, les dijo: «Me trajisteis a este hombre, como soliviantador de vuestro pueblo, y yo lo interrogué delante de vosotros y ninguna causa he encontrado en ese hombre de todas las que le acusáis. Y tampoco Herodes: pues lo envié a él y no ha hecho nada por lo que merezca la muerte. Por consiguiente, una vez castigado, lo dejaré libre». Gritó toda la multitud diciendo: «Quítalo de nosotros, quítalo». Y los sumos sacerdotes y ancianos le acusaban de muchas cosas. Y cuando era acusado por ellos no respondió ni una palabra. Entonces le dijo Pilato: «¿No oyes cuántos testimonios dicen contra ti?» Y no le respondió ni una sola palabra, por eso se admiró Pilato.

Y cuando el procurador se sentó en el tribunal le envió a decir su esposa: «Ten cuidado, ¡no hagas daño a este justo!, pues he sufrido mucho hoy en sueños por su causa».

SUÉLTANOS A BARRABÁS

Y en cada fiesta era costumbre que el juez soltase al pueblo un prisionero, el que quisieran; y había en su cárcel un prisionero muy conocido llamado Barrabás. Reunidos, pues, ellos les dijo Pilato: «Tenéis la costumbre de que os suelte un preso el día de pascua: ¿queréis que os suelte al rey de los judíos?» Y gritaron todos diciendo: «No nos sueltes a éste, suéltanos a Barrabás». Y este Barrabás era ladrón que había sido puesto en la cárcel por una sedición y una muerte hecha en la ciudad. Y gritó todo el pueblo y comenzó a rogar que hiciera con ellos lo que era de costumbre.

Pero Pilato respondiendo, les dijo: «¿A quién queréis que os suelte, a Barrabás o a Jesús, que se dice Mesías, rey de los judíos?» Pues sabía Pilato que la envidia les había movido a entregarlo. Pero los príncipes de los sacerdotes y los ancianos rogaron al pueblo que pidieran la libertad de Barrabás y destruyeran a Jesús. El presidente respondió y les dijo: «¿A cuál de los dos queréis que os suelte?» Le dijeron: «A Barrabás». Pilato les dijo: «¿Qué hago con Jesús que se dice el Mesías?» Gritaron todos diciendo: «Crucifícalo». Y nuevamente Pilato les habló porque quería soltar a Jesús. Pero ellos gritaron diciendo: «Crucifícalo, crucifícalo y suéltanos a Barrabás». Pero Pilato les dijo por tercera vez: «¿Qué mal ha hecho éste?, no encuentro en él ninguna causa digna de muerte. Lo castigaré y lo soltaré». Pero ellos importunaban más pidiendo con gran voz que lo crucificara; y crecía su voz y la voz de los príncipes de los sacerdotes. Entonces Pilato les soltó a Barrabás, al que pedían, que estaba en la cárcel por sedición y asesinato. Y a Jesús lo azotó con flagelos.

LAS TORTURAS DE LOS SOLDADOS

Entonces los soldados del gobernador tomaron a Jesús y lo introdujeron en el pretorio y reunieron a su alrededor toda la cohorte, y desnudándolo le pusieron un manto de púrpura, y trenzando una corona de pinchos se la impusieron en la cabeza, y una caña en su derecha, Y mofándose y riéndose de Él, con la rodilla inclinada ante Él, le adoraban diciendo: «¡Salve, rey de los judíos!» Y escupiendo en su cara, tomaban la caña de su mano y golpeaban su cabeza, y le daban bofetadas. Y salió de nuevo Pilato afuera y dijo a los judíos: «Os lo saco afuera para que sepáis que no encuentro en él ninguna causa de condenación». Salió también Jesús afuera llevando una corona de espinas y el vestido de púrpura. Les dijo Pilato: «He aquí el hombre».

NO ENCUENTRO CAUSA, PARA CRUCIFICARLO

Y cuando lo vieron los príncipes de los sacerdotes y los sirvientes gritaron diciendo: «Crucifícalo, crucifícalo». Les dijo

Pilato: «Tomadlo vosotros y lo crucificáis, pues yo no encuentro ninguna causa en Él». Le dijeron los judíos: «Nosotros tenemos ley y según nuestra ley es digno de muerte porque se hizo Hijo de Dios». Y cuando Pilato oyó estas palabras temió más. Y entró de nuevo en el atrio y dijo a Jesús: «¿De dónde eres tú?» Pero Jesús no le contestó ni palabra. Le dijo Pilato: «¿A mí no me hablas?, ¿no sabes que tengo poder para soltarte y tengo poder para crucificarte?» Le dijo Jesús: «No tendrías potestad alguna contra mí si no se te hubiera dado de arriba. Por lo tanto, el que me entregó a ti, tiene un pecado mayor que tu pecado». Y por estas palabras Pilato quería soltarlo; pero los judíos gritaban: «Si lo sueltas no eres amigo del César; pues todo el que se hace rey, contradice al César».

CAPÍTULO LI

LA MÁS INJUSTA SENTENCIA

Y SE LO ENTREGÓ PARA CRUCIFICARLO

Y cuando Pilato oyó estas palabra, sacó a Jesús fuera y se sentó en el tribunal, en un lugar que se llama Lithostrotos, y en hebreo se llama Gabbata, Y era aquel día la preparación de la Pascua, hacia la hora de sexta» y dijo a los judíos: «He aquí a vuestro rey». Pero ellos gritaron: «Quita, quítalo, crucifica, crucifícalo». Les dijo Pilato: «¿A vuestro rey voy a crucificar?» Los sumos sacerdotes le dijeron: «No tenemos otro rey que el César». Y viendo Pilato que no ganaba nada y que crecía el tumulto, tomó agua y lavó sus manos delante del pueblo diciendo: «Yo soy inocente de la sangre de este justo; vosotros veréis». Y respondiendo todo el pueblo dijo: «Caiga su sangre sobre nosotros y sobre nuestros hijos». Entonces mandó Pilato que se accediera a su petición y entregó a Jesús para que fuera crucificado, según su voluntad.

ES PRECIO DE SANGRE

Entonces el traidor Judas, cuando vio a Jesús condenado, se marchó y devolvió las treinta monedas de plata a los príncipes de los sacerdotes y a los ancianos, diciendo: «He pecado entregando la sangre inocente». Le dijeron: «¿Qué nos va a nosotros? Tú verás». Y arrojando el dinero en el templo, se retiró, y marchando se ahorcó. Pero los príncipes de los sacerdotes, recibido el dinero, dijeron: «No tenemos facultad de ponerlo en el arca de las oblaciones, porque es precio de sangre». Y después de deliberar compraron con ese dinero el campo de un alfarero para la sepultura de los peregrinos. Por eso se llama aquel campo: Campo de sangre hasta hoy. Entonces se cumplió lo que dijo el profeta [42]: Recibí treinta monedas de plata, el precio del excelente, establecido por los hijos de Israel, y las gasté en el campo del alfarero, como me había mandado el Señor.

EL PEREGRINO DE CIRENE

Y los judíos tomaron a Jesús y marcharon para crucificarlo. Y salió cargándose la cruz. Le quitaron el vestido de púrpura y escarlata, con el cual estaba vestido y le pusieron sus vestidos. Y cuando iban con Él, encontraron a un hombre, Cireneo, que venía del campo, de nombre Simón, padre de Alejandro y de Rufo; le obligaron a que llevara la cruz de Jesús. Y tomando la cruz, se la impusieron, para que la llevara y fuera detrás de Jesús. Y Jesús iba por delante y su cruz detrás de Él.

NO LLORÉIS POR MÍ

Y le seguía mucha gente, y mujeres que se lamentaban y se conmovían por Jesús. Y vuelto hacia ellas, dijo Jesús: «Hijas de Jerusalén, no lloréis por mí, llorad por vosotras y por vuestros hijos. Vendrán días en los que dirán: Dichosas las estériles y los vientres que no engendraron, y los pechos que no amaman-

---

[42] Taciano omite el nombre del profeta. San Mateo atribuye esta cita a Jeremías, pero es de Zacarías 11, 12-13.

taron. Entonces comenzarán a decir a los montes: caed sobre nosotros; y a las colinas: cubridnos. Pues si hacen esto con el árbol[43] verde, ¿qué se hará con el seco?»

COMO UN MALHECHOR

Eran conducidos con Jesús otros dos malhechores, para ser ajusticiados. Y cuando llegaron al lugar que se llama Calvario, y en hebreo se dice Gólgota, lo crucificaron allí. Crucificaron con El a los otros dos malhechores, uno a la derecha y otro a la izquierda. Y se cumplió la Escritura que dice: *Fue contado entre los malvados.* Y le dieron a beber vino y mirra, y vinagre mezclado con hiel, y cuando lo gustó no lo quiso beber y no lo recibió.

LOS SOLDADOS SORTEAN SUS VESTIDOS

Y los soldados cuando crucificaron a Jesús, tomaron sus vestidos y los dividieron en cuatro partes, una parte para cada uno de los soldados de la cohorte. Pero su túnica era de una pieza, tejida de arriba abajo. Se dijeron, pues, unos a otros: «No la dividamos, sino echamos suertes sobre ella, a ver de quién sea». Y se cumplió la Escritura que dice:

Se repartieron mis vestidos
y sobre mi túnica echaron suertes.

Esto hicieron los soldados. Y sentándose allí lo custodiaban.

---

[43] En siríaco significa madero.

JESÚS NAZARENO, REY DE LOS JUDÍOS

Pilato escribió en una tabla la causa de su muerte y la puso sobre la madera de la cruz encima de su cabeza. Y así estaba escrito en ella: «Este es Jesús Nazareno, Rey de los judíos». Y este letrero lo leyeron muchos de los judíos, porque estaba cerca de la ciudad el lugar donde crucificaron a Jesús; y estaba escrito en hebreo, griego y latín. Dijeron, pues, a Pilato, los príncipes de los sacerdotes: «No escribas: Rey de los judíos; sino que Él mismo es el que dijo: Yo soy rey de los Judíos». Pilato les dijo: «Lo que está escrito, escrito está». Y la gente estaba de pie contemplando; y los que pasaban le insultaban, moviendo sus cabezas y diciendo: ¡Oh, tú que destruías el templo de Dios y lo reedificabas en tres días!, si eres Hijo de Dios, sálvate a ti mismo y baja de la cruz».

Y de igual manera los príncipes de los sacerdotes, y los escribas, y los ancianos del pueblo, y los fariseos se mofaban de Él y se reían mutuamente, diciendo: «El salvador de otros no puede salvarse a sí mismo; si es el Mesías de Dios elegido, y rey de Israel, que descienda ahora de la cruz para que lo veamos y le creamos. Confió en Dios, que lo libere ahora, si se complace en él; pues dijo: Soy Hijo de Dios». Se reían de Él también los soldados que se acercaban y le ofrecían vinagre, diciéndole: «Si eres el rey de los judíos sálvate a ti mismo». De igual manera también los ladrones que estaban crucificados con Él lo injuriaban.

HOY ESTARÁS CONMIGO EN EL PARAÍSO

Pero uno de aquellos dos facinerosos que estaban crucificados con Él le ultrajaba diciendo: «Si tú eres el Mesías, sálvate a ti mismo y sálvanos a nosotros también». Pero le increpó su compañero, diciendo: «¿Ni siquiera tú temes a Dios estando en el mismo suplicio? Nosotros hemos recibido ciertamente lo que es justo, y como lo hemos merecido de acuerdo con los hechos; pero éste en verdad nada ha hecho digno de reprensión». Y dijo a Jesús: «Señor, acuérdate de mí cuando llegues a tu reino». Le dijo Jesús: «En verdad te digo: Hoy estarás conmigo en el paraíso».

SU MADRE ESTABA JUNTO A LA CRUZ

Y estaban junto a la cruz de Jesús su madre, y la hermana de su madre, María, que se denomina Cleofás[44], y María Magdalena. Y Jesús vio a su madre y al discípulo a quien amaba, de pie, y dijo a su madre: «Mujer, he ahí a tu hijo». Y dijo al discípulo: «He ahí a tu madre». Y desde aquella hora la recibió el discípulo consigo.

EL SOL SE OSCURECIÓ

Y a la hora de sexta las tinieblas ocuparon toda la tierra, hasta la hora de nona, y el sol se oscureció. Y a la hora de nona exclamó Jesús con gran voz diciendo: «Jaiil, Jaiilî, ¿por qué me has abandonado? Esto es: Dios mío, Dios mío, ¿por qué me has abandonado?» Y algunos de los allí presentes que oyeron, dijeron: «A Elías llama éste».

---

[44] Equivale a *mujer de,* que en la Vulgata se llama Clopás.

CAPÍTULO LII

TODO ESTÁ CONSUMADO

INCLINANDO LA CABEZA, ENTREGÓ SU ESPÍRITU

Después de esto, sabiendo Jesús que todo estaba consumado, para que se cumpliera la Escritura dijo: «Tengo sed». Y había allí una vasija llena de vinagre: y al instante corriendo uno de ellos tomó una esponja y la llenó con ese vinagre y atándola a una caña, la acercó a su boca, para darle la bebida. Y cuando tomó Jesús el vinagre dijo: «Todo se ha cumplido». Pero los demás decían: «Dejad, veamos si viene Elías a liberarlo». Pero Jesús dijo: «Padre mío, perdónalos; pues no saben lo que hacen». Y Jesús, gritando de nuevo con una gran voz, dijo: «Padre mío, en tus manos encomiendo mi espíritu». Dicho esto, inclinando la cabeza, entregó su espíritu.

ALGUNOS MUERTOS RESUCITARON

Inmediatamente la fachada de la puerta del templo se partió en dos partes desde arriba abajo; y la tierra se movió y las piedras se partieron, y los sepulcros se abrieron; y los cuerpos de muchos santos que habían muerto resucitaron y salieron. Y después de su resurrección entraron en la ciudad santa y se aparecieron a muchos, Y el centurión y los que estaban con él custodiando a Jesús, viendo el terremoto y las cosas que sucedían, temieron mucho. Y glorificaron a Dios diciendo: «Este hombre era justo, y verdaderamente era Hijo de Dios». Y todas las gentes que se habían reunido ante el espectáculo, viendo lo que había sucedido, se volvieron golpeando sus pechos.

LA MÁS ABYECTA HIPOCRESÍA

Pero los judíos, como era la Parasceve o víspera de la pascua, dijeron: «No queden estos cuerpos sobre el leño, porque es ya la aurora del sábado; pues era un gran día el del sábado. Por eso pidieron a Pilato que quebrara las piernas de los que habían sido crucificados y fueran quitados. Vinieron, pues, los soldados y rompieron las piernas del primero y las del otro que había sido crucificado con él. Pero cuando llegaron a Jesús vieron que estaba ya muerto, y no rompieron sus piernas; sino que uno de los soldados abrió con su lanza su costado y al instante salió sangre y agua. Y el que vio da testimonio y su testimonio es verdadero; y él sabe que dice la verdad para que vosotros creáis. Estas cosas sucedieron para que se cumpliera la Escritura que dice: *No le quebraréis un solo hueso*. Y otra Escritura que dice: *Mirarán a quien traspasaron*.

UNAS MUJERES VALIENTES

Y estaban a distancia todos los conocidos de Jesús, de pie, y las mujeres que habían venido con Él desde Galilea, que le seguían y le servían, de las cuales una era María Magdalena, y María la madre de Santiago el Menor y Jusa, y la madre de los hijos del Zebedeo, y Salomé, y otras muchas que habían subido con Él a Jerusalén, y que vieron estas cosas.

JOSÉ DE ARIMATEA, HOMBRE BUENO Y RECTO

Y al atardecer, al llegar la Parasceve del ingreso en el sábado, vino un hombre de nombre José, rico y decurión[45], de Arimatea, ciudad de Judea, que era hombre bueno y recto, y discípulo de Jesús; que se ocultaba por miedo a los judíos; pero que no había aprobado el consejo y hechos de los condenadores, y esperaba el reino de Dios. Vino, pues este hombre y entró donde Pilato y le pidió el cuerpo de Jesús. Y Pilato se admiró de que ya se hubiera muerto. Y llamando al centurión le preguntó sobre esta muerte antes de tiempo. Y cuando se enteró, le mandó que entregara a José su cuerpo.

Y José compró una sábana limpia, y puso el cuerpo de Jesús y lo envolvió con ella. Viniendo, pues, lo tomaron. Y vino también a él Nicodemo, que antes había visitado a Jesús de noche, llevando consigo una mezcla de mirra y áloe de unas cien libras. Tomaron, pues, el cuerpo de Jesús y lo envolvieron en vendas de lino, con aromas, como es costumbre de los judíos enterrar. Y había un huerto en el lugar donde fue crucificado Jesús, y en el huerto un sepulcro nuevo, abierto en la roca, en el cual nadie había sido puesto todavía. Allí, pues, por la entrada del sábado, y porque el sepulcro estaba cerca, pusieron a Jesús. Y rodando una gran piedra, la empujaron a la entrada del sepulcro, y se marcharon. Pero María Magdalena y María denominada[46] Jusa, vinieron después de ellos al sepulcro y se sentaron enfrente del sepulcro, viendo cómo habían introducido y puesto allí el cuerpo. Y volviendo compraron aromas y perfumes y regresaron para ir y ungirlo. Pero aquel día, que era día de sábado, se abstuvieron por el mandamiento.

---

[45] En siríaco significa también hombre noble.

[46] Mujer de Jusa, en la Vulgata Joset.

OJO CON EL SEDUCTOR

Pero los príncipes de los sacerdotes y los fariseos se presentaron a Pilato y le dijeron: «Señor, recordamos que aquel seductor dijo cuando todavía vivía: "Después de tres días resucitaré". Adelántate, pues, a custodiar el sepulcro hasta el tercer día no sea que vengan sus discípulos, y lo roben de noche y digan al pueblo que ha resucitado de entre los muertos, y el último error será peor que el primero». Les dijo: «¿no tenéis vosotros guardia? Id, custodiarlo como sabéis». Y marchando ellos aseguraron el sepulcro sellando la piedra y con la guardia.

NO ESTÁ AQUÍ, HA RESUCITADO

Y al atardecer del sábado, que es la aurora del primer día de la semana muy temprano, después de los demás, vino María Magdalena, y la otra María, y otras mujeres a visitar el sepulcro, llevando los aromas que habían preparado. Y decían en sus adentros: «¿Quién nos quitará la piedra de la entrada del sepulcro?» Pues era muy grande. Y cuando decían estas cosas, se hizo un gran terremoto; y descendió un ángel del cielo, y acercándose retiró la piedra de la entrada. Y al llegar encontraron la piedra quitada del sepulcro; y al ángel[47] sentado sobre la piedra; y su aspecto era como el del relámpago, y sus vestidos blancos como la nieve. Por miedo a él se aterraron los guardias y quedaron como muertos. Y cuando se marchó las mujeres entraron en el sepulcro, y no encontraron el cuerpo de Jesús. Pero vieron allí un joven sentado a la derecha, vestido con una túnica blanca, y se asustaron. Mas respondiendo el ángel dijo a las mujeres: «No tengáis miedo vosotras; pues sé que buscáis a Jesús Nazareno, que fue crucificado; no está aquí, pues ha resucitado, según dijo; venid y ved el lugar donde estaba puesto nuestro Señor».

---

[47] Taciano se encontró aquí con un caso de difícil armonía. En Mt 28, 1-8 es un ángel; para Mc 16, 1-8 es un joven. Taciano escogió también la expresión *dos varones* de Lucas 24, 4. Los modernos tropiezan con la misma dificultad.

CAPÍTULO LIII

LA ALEGRÍA DE LA RESURRECCIÓN

OS LO HABÍA DICHO

Y cuando ellas estaban consternadas de esto, he aquí que dos varones se presentaron delante de ellas con vestidos resplandecientes. Y cuando ellas estaban sobrecogidas por el terror e inclinadas con el rostro en tierra, les dijeron: «¿Por qué buscáis al que vive entre los muertos? No está aquí, ha resucitado; recordad que os lo había dicho, cuando estaba todavía en Galilea, diciendo: "El Hijo del hombre va a ser entregado en manos de los pecadores, y será crucificado y al tercer día resucitará". Pero id aprisa, decid a sus discípulos y a Cefas que ha resucitado de entre los muertos; y he aquí que Él irá delante de vosotros a Galilea y allí le veréis donde os dijo: He aquí que os lo dije». Y ellas se acordaron de sus palabras. Y partieron rápidamente del sepulcro con alegría y temor grandes, y se marcharon aprisa; pues les había invadido temblor y espanto; y no dijeron nada a nadie, pues tenían miedo.

Y María corrió y vino a Simón Cefas, y a aquel otro discípulo que amaba Jesús, y les dijo: «Se han llevado a nuestro Señor del sepulcro y no sé dónde lo han puesto». Salió, pues, Simón y el otro discípulo, y vinieron al sepulcro. Pero corrían los dos discípulos a la vez, y el otro discípulo se dio más prisa, y se adelantó a Pedro, y llegó primero al sepulcro. Y mirando, vio los lienzos puestos en el suelo, pero no entró. Llegó después de él Simón, y entró en el sepulcro y vio los lienzos puestos en el suelo, y el sudario que había cubierto su cabeza no estaba con los lienzos, sino enrollado, y colocado enfrente en un cierto lugar. Entonces entró el otro discípulo, que había llegado primero al sepulcro, y vio y creyó; pues todavía no sabían por las Escrituras que el Mesías tenía que resucitar de entre los muertos. Y aquellos dos discípulos se marcharon a su aposento.

MUJER, ¿POR QUÉ LLORAS?

Pero María estaba al lado del sepulcro llorando. Y cuando lloraba miró al sepulcro, y vio a dos ángeles sentados, vestidos de blanco, uno en la parte de su almohada y el otro en la parte de sus pies, donde había estado puesto el cuerpo de Jesús. Y le dijeren: «Mujer, ¿por qué lloras?» Les dijo: «Se han llevado a mi Señor, y no sé dónde lo han puesto». Mientras decía esto, se volvió hacia atrás, y vio a Jesús de pie y no sabía que era Jesús. Le dijo Jesús: «Mujer, ¿por qué lloras?, ¿a quién buscas?» Y ella, creyendo que era el hortelano, dijo: «Señor, si tú te lo has llevado, dime dónde lo has puesto para ir a recogerlo». Jesús le dijo: «María». Y volviéndose le dijo en hebreo: «Rabboni», que significa Maestro. Le dijo Jesús: «No me toques, pues todavía no he subido a mi Padre: vete a mis hermanos y diles: Subo a mi Padre y a vuestro Padre, mi Dios y vuestro Dios». Y el primer día de la semana en que resucitó se apareció primero a María Magdalena, de la cual había echado siete demonios.

LOS TESTIGOS DORMIDOS

Y algunos de los guardias vinieron a la ciudad, y anunciaron a los príncipes de los sacerdotes todas las cosas que habían sucedido. Y reunidos con los ancianos, celebraron consejo y dieron no poco dinero a los guardias diciéndoles: «Decid que sus discípulos vinieron de noche y lo robaron mientras estabais dormidos. Y si se entera el gobernador, responderemos ante él y os haremos libres de toda censura». Y ellos, recibido el dinero, hicieron como habían sido aleccionados. Y esta narración se divulgó entre los judíos hasta hoy.

NO TEMÁIS

Y entonces vino María Magdalena y anunció a los discípulos que había visto a nuestro Señor y le había dicho estas cosas. Y cuando iban aquellas mujeres por el camino, les salió al encuentro Jesús diciendo: «Dios os guarde». Y ellas se acercaron, le agarraron los pies y le adoraron. Entonces les dijo Jesús: «No temáis, sino id y decid a mis hermanos que vayan a Galilea y allí me verán». Y regresando aquellas mujeres anunciaron todo esto a los once y a los demás discípulos y a los que estaban con ellos, porque estaban tristes y llorando. Y ellas eran María Magdalena, y Juana, y María la madre de Santiago y las demás que estaban con ellas, y éstas fueron las que se lo dijeron a los apóstoles. Pero ellos, cuando oyeron a ellas decir que vivía y se les había aparecido, no les creyeron. Y estas palabras eran ante sus ojos como palabras de delirante.

LOS DESALENTADOS DISCÍPULOS DE EMAÚS

Después de estas cosas se apareció a dos de ellos el mismo día cuando iban a un pueblo, que estaba a una distancia de sesenta estadios de Jerusalén, de nombre Emaús y estaban hablando el uno al otro de todas las cosas que habían ocurrido. Y cuando ellos conversaban y discutían, vino Jesús, y se acercó a ellos, y caminaba con ellos; pero sus ojos estaban retenidos para que no lo conocieran. Y les dijo: «¿Qué palabras son estas que os comunicáis el uno al otro mientras vais andando y estáis tristes?» Respondió uno de ellos de nombre Cleofás y le dijo: «¿Tú solo eres extranjero en Jerusalén que no conoces las cosas que han sucedido allí estos días?» Les dijo: «¿Qué ha sucedido?» Le dijeron: «Lo de ese Jesús Nazareno, que fue hombre Profeta, y poderoso en palabras y obras delante de Dios y de todo el pueblo; que lo entregaron los sumos sacerdotes y ancianos para la condena a muerte, y lo crucificaron: y nosotros creíamos que él iba a redimir a Israel: y ya hace tres días que han sucedido estas cosas.

»Sin embargo, algunas mujeres de nuestro grupo nos anunciaron que se habían acercado al sepulcro, y al no encontrar su cuerpo, vinieron y nos dijeron que habían visto allí unos ángeles, quienes dijeron de Él que vivía. Y también algunos de los nuestros fueron al sepulcro y lo encontraron como habían dicho las mujeres, pero a Él no lo vieron». Entonces les dijo Jesús: «¡Oh insensatos y duros de corazón para creer! ¿No era necesario, de acuerdo con las palabras de los Profetas, que el Mesías padeciera todas estas cosas para entrar en su gloria?» Y comenzando por Moisés y por todos los profetas les interpretaba todas las Escrituras que hablaban de Él. Y se acercaron al pueblo al que iban; y Él les hizo pensar que iba a un sitio más lejano. Y le hacían fuerza diciéndole: «Quédate con nosotros porque el día declina ya hacia la oscuridad». Y entró para quedarse con ellos. Y cuando estaba sentado a la mesa con ellos, tomó el pan, y lo bendijo, y lo partió y se lo dio. Y al instante se les abrieron sus ojos y le conocieron; y desapareció de ellos. Y se dijeron el uno al otro: «¿No ardía nuestro corazón dentro de nosotros, cuando nos hablaba por el camino y nos interpretaba las Escrituras?»

LO RECONOCIERON AL PARTIR EL PAN

Y levantándose en ese mismo momento regresaron a Jerusalén y encontraron reunidos a los once y a los que estaban con ellos y decían: «Verdaderamente ha resucitado el Señor, y se ha aparecido a Simón». Y ellos narraron lo que había sucedido en el camino, y cómo lo habían reconocido cuando partía el pan; pero tampoco creyeron estas cosas.

CAPÍTULO LIV

SE REPITEN LAS APARICIONES

LES MOSTRÓ SUS MANOS, PIES Y COSTADO

Y cuando ellos estaban hablando, y estaba acercándose el atardecer de ese día, que era el primer día de la semana, y las puertas estaban cerradas, donde estaban los discípulos por miedo a los judíos, vino Jesús, y se puso en medio de ellos y les dijo: «La paz sea con vosotros: Soy yo, no tengáis miedo». Y ellos, sobresaltados y asustados, creían que veían un espíritu. Les dijo Jesús: «¿Por qué os turbáis?, ¿y qué pensamientos se suscitan en vuestros corazones? Ved mis manos y mis pies, porque soy yo; tocadme y sabed que el espíritu no tiene carne y hueso como veis que tengo yo». Y diciendo esto les mostró sus manos, y pies y costado. Y no creyendo ellos todavía por la alegría y el asombro, dijo: «¿Tenéis aquí algo para comer?» Y ellos le ofrecieron un poco de pez asado y miel. Y tomándolo comió delante de ellos.

RECIBID EL ESPÍRITU SANTO

Y les dijo: «Éstas son las palabras que os dije cuando estaba con vosotros, que era necesario que se cumplieran todas las cosas que están escritas en la ley de Moisés, y en los profetas y Salmos de mí». Entonces abrió su mente para que entendieran las escrituras. Y les dijo: «Así estaba escrito y así era necesario que el Mesías padeciese y resucitar de entre los muertos al tercer día, y predicar en su nombre la penitencia para la remisión de los pecados a todas las naciones; pero el principio será en Jerusalén. Y vosotros seréis testigos de esto. Y yo os enviaré la promesa de mi Padre». Oyendo esto los discípulos se alegraron. Y Jesús les dijo de nuevo: «La paz sea con vosotros. Como me envió mi Padre, yo también os envío a vosotros». Y cuando había dicho esto, sopló sobre ellos y les dijo: «Recibid el Espíritu Santo, y si vosotros perdonáis los pecados de cualquier hombre, le serán perdonados; y si retenéis los de alguno, le serán retenidos».

SEÑOR MÍO Y DIOS MÍO

Pero Thauma[48], uno de los doce, que se llama Tomás, no estaba con los discípulos allí cuando vino Jesús. Le dijeron, pues, los discípulos: «Hemos visto a nuestro Señor». Les dijo: «Si no veo yo en sus manos los agujeros de los clavos y meto en ellos mis dedos y meto mi mano en su costado, no creeré».

Y después de ocho días, al domingo siguiente, nuevamente estaban los discípulos reunidos dentro, y Thauma con ellos. Y vino Jesús con las puertas cerradas, se puso en medio y les dijo: «La paz sea con vosotros». Y dijo a Thauma: «Mete tu dedo aquí, y ve mis manos, y extiende tu mano, y acércala a mi costado, y no seas incrédulo sino fiel». Respondió Thauma y le dijo: «Señor mío y Dios mío». Le dijo Jesús: «Ahora has creído porque me has visto; dichosos los que no vieron y creyeron».

Y Jesús hizo otros muchos signos a la vista de sus discípulos, que no están escritos en este libro. Pero éstos han sido escritos para que creáis en Jesús Mesías Hijo de Dios, y para que creyendo tengáis vida eterna en su nombre.

---

[48] El Mellizo.

EN EL MAR DE TIBERÍADES

Y después de esto se manifestó nuevamente Jesús a sus discípulos en el mar de Tiberíades. Y se les manifestó así: Estaban juntos Simón Cefas, y Thauma, que se llama Tomás, y Natanael, que era de Caná de Galilea, y los hijos del Zebedeo y otros dos de los discípulos. Les dijo Simón Cefas: «Voy a pescar peces», Le dijeron: «Vamos también nosotros contigo». Y marcharon y subieron a la barca; y esa noche no pescaron nada. Y venida la mañana, estaba Jesús en la orilla del mar; pero los discípulos no sabían que era Jesús. Y les dijo Jesús: «Muchachos, ¿tenéis algo para comer?» Le dijeron: «No». Les dijo: «Echad la red a la derecha de la barca y encontraréis». Y la echaron; y no podían arrastrar la red por la multitud de peces que había en ella.

Y dijo aquel discípulo a quien amaba Jesús a Cefas: «Éste es nuestro Señor». Y cuando oyó Simón que era nuestro Señor, tomó su túnica y se la ató a la cintura, pues estaba desnudo, y se echó al mar, para llegar hasta Jesús. Y los otros discípulos vinieron en la nave, pues no estaban lejos de tierra, sino unos doscientos codos, trayendo la red de los peces. Y cuando tomaron tierra vieron unas brasas encendidas y pez encima y pan. Les dijo Jesús: «Traed de estos peces que habéis pescado ahora». Subió, pues, Simón Cefas y trajo la red a tierra, llena de grandes peces, ciento cincuenta y tres. Y con tanto peso no se rompió la red. Les dijo Jesús: «Venid, sentaos». Y ninguno de los discípulos se atrevía a preguntar quién era, sabiendo que era nuestro Señor. Pero no se les apareció en su forma. Y se acercó Jesús y tomó el pan y los peces y les dijo: «Venid y comed». Esta era la tercera vez que Jesús se manifestaba a sus discípulos, cuando había resucitado de entre los muertos.

SIMÓN, ¿ME AMAS?

Y cuando estaban comiendo dijo Jesús a Simón Cefas: «Simón, hijo de Jonás, ¿me amas más que éstos?» Le dijo: «Sí

Señor, tú sabes que te amo». Le dijo Jesús: «Apacienta mis corderos». Y le dijo otra vez: «Simón, hijo de Jonás, ¿me amas?» Le dijo: «Sí, Señor, tú sabes que te amo». Le dijo: «Apaciéntame las ovejas». Y le dijo por tercera vez: «Simón, hijo de Jonás, ¿me amas?» Y Cefas, poniéndose triste porque le dijo por tercera vez: «¿me amas?», le dijo: «Señor, tú conoces todo, tú sabes que yo te amo». Le dijo Jesús: «Apaciéntame mis ovejas. En verdad, en verdad te digo: Cuando eras joven, te ceñías y andabas por donde querías; pero cuando seas viejo, extenderás tus manos, y otro te ceñirá y te llevará donde tú no quieres». Esto le dijo para significarle con qué muerte tenía que glorificar a Dios. Y cuando hubo dicho esto le dijo: «Ven detrás de mí».

Y volviéndose Simón Cefas vio a aquel discípulo a quien amaba Jesús, que le seguía, aquel que se recostó en la cena sobre el pecho de Jesús, y dijo: «Señor, ¿quién es el que te va a entregar?» Y cuando Cefas lo vio dijo a Jesús: «Y éste, ¿qué será de él?» Le dijo Jesús: «Si quiero que él quede hasta que yo venga, ¿qué te va a ti? Tú, sígueme». Y esta palabra se divulgó entre los hermanos, que aquel discípulo no moriría. Pero no dijo Jesús: «No morirá», sino: «si yo quiero que él quede hasta que venga: ¿a ti qué te va?»

Éste es el discípulo que da testimonio de esto y lo ha escrito, y nosotros sabemos que su testimonio es verdadero.

CAPÍTULO LV

LA ASCENSIÓN TRIUNFAL A LOS CIELOS

COMO EL PADRE ME ENVIÓ ASÍ OS ENVÍO YO

Y los once discípulos se fueron a Galilea al monte donde les había indicado Jesús. Y viéndolo lo adoraron; pero algunos dudaron. Y cuando estaban sentados allí, se les apareció de nuevo, y les echó en cara su falta de fe, y la dureza de su corazón porque a los que habían visto que había resucitado no les creyeron. Entonces les dijo Jesús: «Se me ha dado todo poder en el cielo y en la tierra; como me envió mi Padre, así también os envío yo: id, pues, a todo el mundo y predicad mi Evangelio a todas las criaturas; y enseñad a todas las gentes, y bautizadlas en el nombre del Padre y del Hijo y del Espíritu Santo; enseñándoles a observar todas las cosas que os he mandado. Y he aquí que yo estoy con vosotros todos los días, hasta el fin del mundo. Pues el que crea y se bautice se salvará, pero el que no crea será condenado. Y a los que crean en mí les acompañarán estos signos: echarán demonios en mi nombre, y hablarán en lenguas nuevas, agarrarán las serpientes, y si beben un veneno mortífero no les hará daño; impondrán las manos sobre los enfermos y curarán. Pero vosotros permaneced en la ciudad de Jerusalén, hasta que seáis revestidos con la fuerza de lo alto».

SUBIÓ AL CIELO

Y nuestro Señor Jesús, después de haberles hablado, los llevó a Betania, y levantando sus manos los bendijo. Y mientras los bendecía, se separó de ellos, y subió al cielo, y está sentado a la derecha de Dios. Y ellos adorándolo se volvieron a Jerusalén con grande alegría; y todo el tiempo estaban en el templo alabando y bendiciendo a Dios. Amén.

LOS APÓSTOLES CONTINÚAN LA OBRA DE JESÚS

Y partiendo de allí predicaron por todas partes; y nuestro Señor les ayudaba y confirmaba sus palabras con los signos que hacían.

Y son también otras muchas cosas las que hizo Jesús, que si se escribieran todas, pienso, que ni el mismo mundo podría contener los libros que deberían ser escritos.

Se ha terminado el Evangelio que reunió Taciano de los cuatro Evangelios de los Apóstoles y bienaventurados cuatro Evangelistas, a quienes sea la paz, y que llamó Diatessaron, esto es, Cuaternario. Lo tradujo del siríaco al árabe el eximio doctor y presbítero Abû-l-Pharag Abdullah ben-at-Tîb, en el cual se complazca Dios, de un ejemplar escrito a mano por Ghobast ben Ali Almottayeb, discípulo de Honain ben Ishac, de quienes Dios tenga misericordia. Amén[49].

---

[49] El documento borgiano recuerda aquí también al amanuense o notario del original siríaco y le llama Ghobasî ben Alî Almottayeb, discípulo de Honain ben Ishac. El verdadero nombre del copista, dice Ciasca, es Isâ ben Alî Almotattabbeb, autor de dos libros de medicina. El traductor Abû-l-Pharag Abdullah Ben-at-Tîb fue monje y sacerdote nestoriano, eminente filósofo y comentarista de los libros santos; murió el año 1043 y fue también secretario del patriarca Elías I. Ciasca ha localizado al autor del códice siríaco Honain, Hunain o Hanain y dice que fue un célebre médico de Bagdad; nació en Hira y murió el año 873. Podemos, pues, concluir que el códice siríaco fue escrito a mitad del siglo IX y traducido al árabe en el XI.

ÍNDICE

Capítulo II
Nacimiento de Jesús. Sus primeros adoradores

Capítulo III
Acontecimientos sorprendentes

Capítulo IV
Jesús y Juan se encuentran en el Jordán

Capítulo V
Primera predicación de Jesús en Galilea

Capítulo VI
Jesús entra en tierras de Judea

Capítulo VII
Jesús predica el Reino de Dios y cura a los enfermos

Capítulo VIII
La ley judía llega a su plenitud

Capítulo IX
Sigue exponiendo la nueva ley cristiana

Capítulo X
El Espíritu del Reino de Dios

CAPÍTULO XVI
Jesús predica el Reino de Dios con parábolas

CAPÍTULO XVII
Las gentes se maravillaban de su enseñanza

CAPÍTULO XVIII
Andaban las gentes como ovejas sin pastor

CAPÍTULO XIX
Jesús anuncia el pan de la vida

CAPÍTULO XX
Lo que sale del corazón mancha al hombre

Capítulo XXI
El agua que brota para la vida eterna

Capítulo XXII
De Galilea subió a Jerusalén

Capítulo XXIII
El Mesías, el Hijo de Dios vivo

Capítulo XXIV
Éste es mi hijo amado: escuchadle

Capítulo XXV
Regresa a los bordes de Judea

Capítulo XXVI
El Dios de la misericordia

Capítulo XXVII
Debemos perdonar siempre

Capítulo XXVIII
Jesús sube a la fiesta de los Tabernáculos

Capítulo XXIX
Las riquezas y el Reino de los cielos

Capítulo XXX
Dios ofrece a todos su reino

Capítulo XXXI
Jesús se va acercando a Jerusalén

Capítulo XXXII
Jesús en la Ciudad Santa

Capítulo XXXIII
Jesús sale de Jerusalén y regresa otra vez

Capítulo XXXIV
Crecen las intrigas contra Jesús

Capítulo XL
Los sacerdotes, escribas y fariseos

Capítulo XLI
Últimos discursos y profecías

Capítulo XLII
El destino de la Ciudad Santa

Capítulo XLIII
Diversas formas de preparación

Capítulo XLIV
Había llegado su hora

Capítulo XLV
El más emocionante momento de la cena

Capítulo XLVI
Últimas recomendaciones

Capítulo XLVII
Jesús habla con el Padre

Capítulo XLVIII
El momento más triste de Jesús

Capítulo XLIX
El más vergonzoso interrogatorio

Capítulo L
Con cualquiera antes que con Jesús

Capítulo LI
La más injusta sentencia

Capítulo LII
Todo está consumado

Capítulo XLII
La alegría de la resurrección

Capítulo LIV
Se repiten las apariciones

Capítulo LV
La Ascensión triunfal a los cielos